新説2012年

地球人類進化論

国際問題研究所
中丸 薫
⊙
LOHAS日本国代表幹事
白峰
(NAKAIMA)

明窓出版
協 力
INTUITION

新説　21世紀地球人類進化論によせて

この本は、謎の風水師として有名なN師こと白峰氏と、国際問題研究所（太陽の会）の代表、中丸薫氏との不思議なコラボレーションにより実現した。

この貴重な対談に、音楽家としてアメリカで大活躍をされた瀬戸龍介氏、そして東洋縄文意識の石笛（いわぶえ）奏者、横澤和也氏と、日本古来の伝統を神舞で表現しているまほのば神舞家元、御代真代香（みだいまほか）氏という、３名の芸能文化人による飛び入り特別対談も含まれている珠玉の書である。

２０１２年の地球人類が、本来の光の存在に時元上昇（アセンション）するというテーマを、わかりやすく、さまざまな角度から、国際問題評論家と風水師（環境地理学博士）という異色の組み合わせによって、過去・現在・未来にわたる地球人類の『パラダイムシフト』の新学説として語った、悠久のドラマである！

まさに今、地球は環境問題、経済問題など多くの問題をかかえているが、すべての解決のターニングポイントは、２０１２年という時間軸のマトリックスにあると述べられている。ならば地球人類は、この時間軸へ向かって今、まさに『時の旅人』として進化しなければならないと語る中丸・白峰両氏は、宇宙から来た宣教師に見えてならない。

クレオパトラにシーザーが出会わなかったら歴史が動かなかったように、皆様がこの本に出会わなかったから、貴方の歴史が変わる事はなかったでしょう。

明窓出版編集長　拝

則天去私

国際政治ジャーナリストとして世界的に有名な中丸薫先生が、このごろ世界政府の陰謀論を止めて、宇宙や２０１２年問題について熱く語りかけている（経営コンサルタントの船井幸雄会長もしかり）。

今回、二度にわたる対談と、芸能音楽の世界で活躍している三人の先生方（瀬戸龍介氏・横澤和也氏・御代真代香氏）にも、飛び入りにて特別対談を依頼した。今までとは違う価値観で、地球、日本、そして２０１２年問題について語る事となりました。

ダーウィンの進化論を超えて、２０１２年の地球人類進化論！

人生出会いを大切に、生きるを楽しみながら、この本が人生の羅針盤となる事を祈ります。

平成２０年２月１１日建国記念日

白峰（中今悠天拝）

◎新説　21世紀地球人類進化論　目次◎

パラダイムシフト

……中丸薫氏編……………………………………

白峰氏編

対談

共鳴性で集まった特別対談

（中丸 薫氏・白 峰氏・横澤和也氏・瀬戸龍介氏・御代真代香氏）

時の旅人

・・・・中丸薫氏編・・・・・・・・・・・・・・・・・・・・・・

白峰氏編

対談

パラダイムシフト

中丸薫氏編

＊この章は、2006年12月に行われたＩＮＴＵＩＴＩＯＮのセミナーが基になっています。

リビアの劇的変化

先日、久しぶりにロンドンを経由して、リビアまで行ってまいりました。

最初にカダフィ大佐にお会いしたのは、かなり昔の事です。息子さんが2人いらっしゃるという事もうかがっておりましたし、ご家族に会いたいと申し上げましたら、「じゃあちょっと、待っていてください」と言われました。

そのままリビアに何日か滞在していたのですが、突然真夜中に電話がかかってきました。

「明朝5時にロビーで、1人だけで待っていてください」との事でした。

そこで、朝5時にカメラだけ持って一人でロビーでお待ちしていましたら、2人の男性が迎えにみえました。車に乗り込むと、かなりのスピードで2時間ぐらいドライブです。「どこへ行くんですか」と聞きましたら、「いや、お教えできません」と言うのですね。ついに到着しますと、砂漠の中にたった一軒だけ、ポツンと、簡素なおうちがありました。そこが、カダフィ大佐の家族がいらっしゃるところでした。

奥さまと2人の少年がいらっしゃいましたので、片方の少年に英語で「おいくつですか」と聞きましたら、「１２歳です」と英語で答えたんですね。そうしたら、カダフィさんは「息子が英語をしゃべった」と、手をたたいて喜んでいるのです。普通のお父さんと同じような表情をしていらしたのが、とても印象的でした。

その時の１２歳の子どもが、今や後継者のようになり、世界もかなり回って実力も付けてきたようです。

彼から久しぶりに連絡があり、「ロンドンまで向かえに行きますから、どうぞリビアに来てください」と言われるので、リビアまで行ってきたのです。

飛行機の上から見て驚いたのは、昔、カダフィさんに会った時にはまったく砂漠だった土地が、今回は完全に緑で埋め尽くされていた事です。木がたくさん植えてあり、木々の間に畑があって、村落をなす家々が見えました。

降りてから「どうしたんですか、こんなに緑になるなんて」と聞きましたら、「あの時、緑の革命をしていたでしょう。国境に近いところから河川を引いてきて、灌漑用水を完成する事ができました。すっかり緑になったでしょう」と言われます。「**あの砂漠がこれだけ緑になって、たいへんな事でしたね**」と、私も感慨しきりでした。

その上、トリポリの町を歩いてみると、青山通りのようなきれいなところがあり、オシャレなお店がたくさん出ているんです。「いったいどんな人たちが買い物をするのかしら」と思ったら、普通の市民たちが買っているようでした。５００万足らずの人口ですが、石油がたくさんとれる国ですからね。**カダフィさんこそ、中東で最初に石油を国有化した人なのです。**

改めて、なぜアメリカからあれだけ嫌われ、狙われていたかを調べてみました。するとトリポリには、全中東とアフリカににらみを利かせられるだけの、中東、アフリカでナンバー1のすごい空軍基地があったのです。そして、カダフィさんが２８歳で無血革命をしました。その時に、アメリカもイギリスも追い出されてしまったというわけです。

後に、私もワシントンの国防省に行って、「あの時、カダフィさんは武器もなく、ほとんど丸腰のような構えだったのに、なぜアメリカは出ていったのですか」と聞いてみました。すると、「彼の背後には大衆が付いていた」というのです。50万人ぐらいの民衆が押し寄せたんでしょうか。そんな人たちを、機関銃でバラバラと撃つわけにもいかなかった。それで、英米も紛争を起こしたくないという気持ちで仕方なく基地を出たわけです。

けれども、憎くてしょうがない。何とか政権を転覆させたいという事で、何回か刺客を送ったりもしたのではないでしょうか。私がカダフィさんに会った時の事を思い出しますと、いろいろなお話し合いが終わり、2人だけになった時に一言申し上げたのは、「あなたはいつも、中東のリーダーになりたいというお気持ちで、ユダヤは海の向こうに落ちろと思われているようですが、そうではなく、もう少し広く、世界平和という事を考えたらいかがですか」という事でした。

「例えば、ジュリアス・シーザーだって、もしクレオパトラに出会わなかったら、一ローカルの将軍で終わっていたんですよ」と言ったのです。クレオパトラに出会ったから、西と東を統一し、ワンワールドにするというアレキサンダー大王の夢、ビジョンを知る事ができ、彼は世界のシーザーになったのだと申し上げました。

するとカダフィさんも目を輝かせて、その言葉をぜひ書いて欲しいと、隣の部屋に飛んで行って、色紙のようなものを持ってきたのです。

そこで、私が「ジュリアス・シーザーも、クレオパトラに出会わなかったら、一ローカル将軍で終わった」と英語で書いたら、そこにサインしてくださいと言われました。私がサインをした色紙を、とても大事そうに抱えている姿が、今も思い出されます。

カダフィさんをはじめ、ムバラク大統領や、サダト大統領、ヨルダンのフセイン国王、それからサウジアラビアの国王、そうした方たちとその当時に会って、私なりに自由な立場から、いろんな事を思い付くままに箴言(しんげん)してきました。

カダフィさんは、あのイラクの様子を見ながら、現在は英米とも協調路線をとっているように見受けられます。しばらくぶりで行ってみたら、素晴らしい海岸線の上に、ファイブスターもとれるようなホテルがたくさんできているのですね。

トリポリは、イタリーのナポリから1時間ぐらいで行けますし、ヨーロッパの全ての国から非常に近い場所なのです。イギリスから行っても、4時間もかからないようなところでした。

そうした事も踏まえて、一度、世界平和のシンポジウムをぜひここでやりたいという気持ちが湧いてきました。以前、日本で世界平和のシンポジウムをするからカダフィさんもお呼びしたいという事を外務省に言いましたら、それには大きな危険が伴う、完璧な警護はできないから、カダフィさんは承諾できないと言われたのです。

そこで、逆に政府が完全にバックアップしてくれるようなところでなら、カダフィさんにもご参加いただけると考えました。中東問題のみをテーマにするのではなく、トリポリで世界平和のシンポジウムをすれば、全世界から集まりやすいと思ったのです。今は飛行機でどこからでも行けますからね。緑の革命が成功して、あんな砂漠も緑になったのですから、全世界の皆さんにも見てほしいという気持ちですね。

今後、その打ち合わせも兼ねていつまたリビアに飛び立つか分からないような状態となり、あちらからも、「招待状を出しますから」という事をうかがっています。

前回の訪問時に分かった事は、ちょっと強面のカダフィさんですが、実は奥さんのほうがもっと強いという事でした。中東の女性たち、サウジアラビアの王様の奥さまとか、いろいろな方にお会いしましたが、こんな事をおっしゃっていました。

「欧米のジャーナリストは、イスラム教は男尊女卑の教えだとか、平気でそんな事言うけれど、とんでもないのよ。王様たち、男たちをがっちりと支え、いろいろなヒントを与えて操縦しているのは、実は私たちなんですよ」

日本でも、そういう傾向ってありますよね。なにも欧米のように毎回男性と一緒にパーティに行かなくても、女性が弱い事にはなりません。おうちでしっかりと家庭を守りながら、ご主人をサポートしている事を思えば、やはり女性はしっかりとしていて強いものだと思えます。

闇の権力の今

これまで、たくさんの著書などで闇の権力というものを書いてきましたが、それについてなぜ私が書き始めたかといいますと、根本的なものの一つは、イギリスの東インド会社なのです。その会社は、ずいぶん昔からアヘンとか、ヘロインとかの貿易にたずさわり、たいへんな財を積んできました。もちろんイギリス王室も関わっていますし、**アメリカの中央銀行などがつくられた時に、世界の24ぐらいの大富豪のほとんどが、東インド会社の麻薬で得たようなお金で、莫大な富を積みました。**そういう人たちがニューヨークやヨーロッパなどに散在して、その中から300人委員会というものができています。私の著書をお読みになれば、その闇の権力の構図、ビルドバーク・ソサエティーとか、外国評議会とか、日本も入っている三極委員会とか、名簿まで全部出ています。その3つすべてに出てくる名前もあるのです。

そういう人たちが中枢になって、世界を牛耳っているわけです。当然フリーメーソン、イルミナティーなども関係してきますが、フリーメーソンといってもアメリカだけで５００万人ぐらいいるし、日本にも５０００人ぐらいはいるんです。
ですから、中央の核になるようなところについては、ほとんどのメンバーは理解も把握もしていないのですね。アメリカの５００万人や日本の５０００人のメンバーは、「何か社交クラブのようなものじゃないかしら」ぐらいの気持ちで入っているのかもしれません。

世界人口削減計画といったものは、本当にありますね。２０１０年までに、世界人口のうちの２５億人は削減しようとかいう話も聞きますから。その一端として、ローマクラブとか、最近ではグローバル２０００とか、いろいろな計画があるようです。エイズ菌や鳥インフルエンザ、狂牛病などなど、実は全部、化学生物兵器なのです。化学生物兵器戦争研究所というのが、アメリカにもイギリスにもあり、そういうところが作っているんです。

例えば、イギリスにバートランド・ラッセルという論理哲学、数学者がいました。彼に対して私は、高校、大学という学生時代から長い間、戦争への反対論者であり、進歩的な知識人というイメージを持っていたのですが、イギリス図書館などで彼が書いた文章など、当時のものを読み返してみると、本当に驚く事に、彼は要するに300人委員会の1人であって、闇の権力の中核をなすような人なのです。

しかも、世界人口削減計画に関しては、第一次世界大戦とか、第二次世界大戦などの戦争を起こさせても、たいして人は死ななかった、だから、戦争よりもむしろ生物化学兵器で人を殺したほうがいいんじゃないかといっていました。その上はっきりと、世界には無駄飯食いが多すぎるという論調なのです。

その300人委員会の人たちは、自分たちこそはエリートだと考えていて、ギリシャ神話にちなんで、お互いにオリンピアンと呼び合っています。自分たちこそは世界のオーナーである、だからアフリカとか、中南米とか、貴重なレアメタルや石油などの天然資源のあるところに、無駄飯食いが多くてそうした資源を勝手に使っているというのはとんでもない事だ、そういうところを人口削減していこうという事です。

また、ほとんどの方が、国連というものは常に平和の錦の御旗をかざしているように思っていらっしゃるでしょうが、それはまったくの認識違いです。

私は長い間、ニューヨークの国連の近くにオフィスを持って、国連のメンバーの方々と親しくお付き合いをしているので、告発ともとれるような内部事情も十分聞いております。

オリンピアンによって進められる人口問題解決法とは

例えば、国際連合の専門機関、ＷＨＯ（世界保健機関）というのは、本当は世界レベルにおいて健康を守り、福祉を充実させる人たちのはずなのです。しかし、そのオーナー的な存在で指令を出すのは、ようするにオリンピアンたち。例えば、ロックフェラー１人にしても、アメリカにある１８の薬品製造会社すべてのオーナーでもあるのです。**私も、初めてジョン・Ｄ・ロックフェラー・サードにお会いした時、「世界の人口が多すぎるから、私は今、人口問題に一生懸命取り組んで**

いるんだ」と言われました。その人は、背が高くてほっそりして、文学者のような雰囲気を持った方でした。ロックフェラーセンターの52階にある彼の執務室に行ったのですが、日本の金屏風のようなものや、お部屋の隅に東洋風なつぼが置いてあったりして、格調高い感じでした。彼は5人兄弟の長男なのですが、「この方が人口問題を研究してるのか」というぐらいの印象だったのです。

ロックフェラーの5人兄弟は、2番目がネルソン・ロックフェラー、副大統領になった方ですね。末っ子がデビット・ロックフェラーといって、チェース・マンハッタン銀行の頭取であり、日米欧委員会の最初の会長であり、アメリカで5000人いる外交評議会のトップでもあるロックフェラー家の頭首です。

そこに、長男であるジョン・D・ロックフェラー・サードの長男、ジョン・D・ロックフェラー4世が台頭してきました。日本のICU（国際基督教大学）にも2年間ぐらい留学していた方で、日本語もペラペラです。その方と頭首のデビット・ロックフェラーが今、ロックフェラー家で綱引きを始めている様子です。

そのロックフェラーの人たちを含め、オリンピアンと自称する人たちが、世界人口削減計画のために、天然痘のワクチンの中にエイズ菌を入れ、アフリカ全土や中南米でばらまいているのです。特に、これから子どもをたくさん生みそうな黒人女性たち、中国の奥地、それからインドの奥地もターゲットになっています。

本当は、エイズ菌なんて自然にはなかったものなのです。最初は猿が病原となったとかいう説がありますが、それも真っ赤なうそ。意図的にばらまかれた菌により、突然エイズにかかった人がたくさん現れてその後も続いていますから、**2007年だけでも、アフリカでは6000万人ぐらいが死んでいる状態**です。

ことに西アフリカでは、コートジボアールや、その周囲の国ではもう、国家の機能を果たさないくらい人が亡くなってしまいました。そこの子どもたちの半分以上は両親がいないのです。もう国自体、インフラも保てないのではないかというぐらいのひどい状況です。

しかし、世界のマスコミはすべて、300人委員会や、私がずっと書いてきた闇の権力に支配されていますから、そのようなニュースはほとんど報道されないのです。

鳥インフルエンザに関しても、最初にばらまかれたのは4年か5年前ですね。中国の奥地とか、東南アジアなど、東洋人に広く伝播させるような意図がありました。最初は遺伝子が一つだけ欠けているというもので、鳥から人間に移る事はなかったのです。しかし、2004年に鳥から人間にも感染する菌を作りだし、2007年には実際、人に感染してしまいました。私もニュースを聞いてびっくりしたんですが、**2008年以降、鳥インフルエンザが猛烈にはやって、今後5億人ぐらいの人が死んでいくという予想もあるようです。**

「WHOの報告によると」などと報道されますが、本当にマッチポンプといいますか、自作自演なのですね。人に伝染していくという事になると、空気伝染だってありえるわけですから、たいへんな事になるのです。

私も以前から、ワクチンは打たないほうがいいとか、インフルエンザの予防注射はしないほうがいいという事を、「太陽の会」の講演のたびに言ってきましたが、「もう、うちの親が受けてしまったんです」というような人もいらっしゃいました。「どうなりました？」と聞きましたら、「体力がガクンと落ちて、何か肺からぜいぜいいうような変な病気になってしまい、長引いていっこうに治らないんです」とおっしゃるんです。

先日も、品川で講演をした折に、その事に触れました。「もう、鳥インフルエンザの予防注射とか、要するにワクチンなどは受けないほうがいいですよ」と言いましたら、講演後にある女性の方が来られて、「先生、うちの夫が実はしてしまって」と心配気に言われたのです。「どうなりました？」って聞くと、「本当にガクッと免疫力が落ちて、前からの病気が再発してしまって」という事でした。その病気は、おそらくガンだと思うのですが、「どうしたらいいでしょうか」と深刻な相談だったのです。

「普通の病院に行っても、なお悪くなるような薬を処方されるだけでしょうから、代替医療のようなもの、私も2、3、そういう心当たりもありますし、訪ねて行ったらいかがですか」とお答えしました。

日本の人口にしても、1億3000万人は多すぎる、7500万人ぐらいが適当じゃないかという考えを持っているようです。

パパ・ブッシュの政権の時に、厚生省はアメリカのFDAが許している添加物の基準の7倍ぐらいのもの、つまりものすごい毒性の強いものを許可するようになりました。ですから、コンビニのお弁当などを詳細に調べてもらうと、6種類ぐらいの防腐剤や、添加物が入っているようです。33度の温度で三日三晩腐らないほどのものでないと、厚生省が許可しないのだそうです。もう、もろに添加物を食べているようなものなのですね。

IMFの真の計画

また、皆さんはIMF（国際通貨基金）について、国の経済がたいへんな時にやってきて、助けてくれる機関ではないかと思っているかもしれません。

以前、自民党の中枢ともいえるある方に、「日本国家が1000兆以上もの借金をして、ほとんど破たん状態ですが、どうするつもりですか」と聞いたんです。そうしたら、ぬけぬけと「もうその場合には、IMFに来てもらいますから」と

言ってるわけです。

しかし、本当はＩＭＦとはどういうものでしょうか。これも先ほどからの話に関連していますが、人口削減計画というはっきりとした目的が、やはり彼らにもあるわけです。６３億の人口は多すぎるから、とにかくここ数年の間で、２０１０年までには２５億人減らして、その後も減らしていって……という計画なのですね。

ＩＭＦは、中南米やアフリカといった、金銭的に苦しいところに貸し込むのです。いわゆる発展途上国の政府にお金を貸して、その国の資金繰りがいよいようお手上げとなった時に、乗り込んで行くんです。そこには、鉱物資源などがたくさんありますでしょう。そういうものをどんどん担保にとってしまう。そして、その政権が自国の福祉だとか、健康、医療などにも十分お金を使えないほどに、ぎゅうぎゅうに追い詰めて、最後は鳥の首をひねるように持っていってしまうのです。

そうすると、国民は真っ先に健康がやられます。どんどん免疫力が下がり、そこにワクチンでも打たれると、その時には死なないまでも、次に病気にかかった時には極端に抵抗力がなくなっていますから、すぐに亡くなってしまう。伝染病が流行れば、もうバタバタと死んでいく……すごい数の死者です。そういう事を、マスコミはいっさい発表していないのです。

細菌戦はすでに始まっており、拍車がかかっています。IMFというのは、そういう手法なんです。お金を貸し込んで、貸し込んで、そして乗り込んでいって、有無を言わさずその国のすべてを支配、管理してしまいます。

日本だって、だんだんと近くなってきていますね。元首相の小泉さんのやり方、組織を見ましたら、少なからず国連の影響下にあります。国連が入っているという事は、WHOから、ユネスコから、全部、闇の権力の包囲網の中に入っているという事なのです。そして、各国の中央銀行がそれらの支配下にあるという事は、日銀もしかりです。

それから、世界の宗教団体、下のほうではライオンズクラブ、もっと末端ではボーイスカウトまで、完璧に世界を支配しています。全マスコミ、大手の銀行、金融機関も完全に管理されている。私たちは闇の勢力、悪のフォースにすっぽりと覆い尽くされた中に、今、住んでいるのです。

あの9月11日、アメリカのトレードセンターの事件も、実はアメリカ政府が捏造したものなのです。私の著書にも、証拠写真を載せています。

アメリカの雑誌、「フォーブス」の支局長にお会いした時に、彼が「日本のマスコミは本当の事を伝えていない」と不平をもらしつつ本も書いていましたので、「日本のマスコミに限った事ではなく、だいたい世界中のマスコミが真実を伝えてないんですよ。それに、世界には闇の権力があるという事をご存知ですか」という事を言いましたら、最初は信じられないような面持ちできょとんとしていたんですね。

「9月11日の事だって、アメリカ政府がやったものなんですよ」と伝えて、それを裏付けるような写真を見せたり、ビデオを見せたりもしました。

すると、やはりジャーナリスト魂、彼の本質が表れてきたようで、そのたった1回の出会いで、彼は完全に悪を糾弾する事に使命を見いだしたようです。今は、ご自分で一生懸命、本を出したりするようになりました。

彼の言葉によると、「西洋においては闇の権力とか聞いただけで拒否反応を起こしてしまいます。フリーメーソンなどと聞いただけで、人は、小馬鹿にするような態度をとりますし、陰謀論などは頭から否定という環境で小さい時から育ってきたので、とてもそんな事はあり得ないと思っていましたが、おっしゃっていただいてよかった。僕もフォーブスに記事を書いたり、日本の経済記事なんか送ったって意味のない事だから、フォーブスもすっぱりと辞めました」と言うんです（**日本の忍者マスターからはウルトラマンになれと言われたし〈笑〉**）。

「本当に日本は素晴らしい国だから、日本の国籍も取りたい」という事で、今は帰化しているようです。本当にたった1回の出会いで、人生観をそれだけ変えられる人というのもすごいと思います。今は本当に目覚めたかのように、真摯なる思いで世界平和に向け、日本から発信していきたいという気持ちになっているようです（日本の歩む道が古歩道でなく、常に皇道中心であれと）。

2012年までのプログラム

2012年、皆さんもご存じのとおり、フォトンベルトの事がありますよね。2012年12月22日の真夜中から入っていくわけですから、あと5年なんです。フォトンベルトそのものが、ものすごく光の粒子が細かいのですから、あと5年の間で心の浄化というものをしっかりしていかない限り、そこを通り抜ける事はできません。

先日、たまたま鹿島で私が主宰している「太陽の会」の講演があった次の日に、鹿島神宮とか、香取神社とか、日月神示で有名な神社にも立ち寄る事ができたのですが、**実は日月神示の中でも、フォトンベルトの事は言われているのです。**光の細かい粒子との出会いとか、その時は半霊半物質の世界になるという言い方をしています。

という事は、本当に心を浄化して、徹底的に浄化して、曇りを取り払って調和のある心にしていかない限り、闇の権力がやっているような大量殺人が実現してしまいます。心が真っ黒な人たちは、生きれない。そういう人たちに、四次元の世界から霊的に影響を与えている爬虫類人のようなものも、地球を離れていきます。

ですから、2012年以降は、皆さんがそこをとおり抜ける事さえできれば、生き抜く事さえできれば、素晴らしい黄金の時代に入っていくという事になるのです。

この5年間に、たいへんなプログラムが組まれています。殺人兵器を作り出す、生物化学戦争兵器研究所というのがあるのです。アメリカやイギリスにもあります。エイズにかかる人たちが急増したり、不審な点が多いという事で、フランスにある有名なパスツール研究所の2人の医者が、エイズ菌に対するワクチンを調べたところ、実は、全部エイズ菌で汚染されているという事がはっきりと分かりました。それは、アメリカ政府にも報告され、アメリカ議会でも問題になりました。その大量のワクチンが、今でもあるのです。それをソ連に渡したり、中国に渡したり、北朝鮮にも渡したりしていました。本当に大量のものがあるのです。

「汚染されたワクチンは、すべて廃棄すべきではないか」という事をパスツールの医者たちも告発して、議会でも問題になったのですが、アメリカ自身は「これから細菌戦争が起こったら、こういうものが必要になるから」と、今でもこの地球人類を全部殺せるほどのストックを持っているのです。これが、現状なんです。

狂牛病や、わけの分からないインフルエンザなど、次々とまき散らしていき、ひどいのは上から散布もしているのです。

この闇の権力は、アメリカをも倒そうとしています。これまで徹底的に、アメリカを弱めてきました。タヴィストック研究所というのがイギリスにありますが、今はMI6の中に含まれている、いわゆる洗脳機関です。そのタヴィストック研究所そのものから、すでに述べたようにバートランド・ラッセルとか、アメリカでいえばマーガレット・ミード（コロンビア大学の人類学の教授でした）が出てきていたのです。私もコロンビア大学に行っていましたが、まさか彼女や彼女の夫がそういう事に協力しているとは知りませんでした。他にも、本当に著名な評論家などがおおぜいアメリカに送り込まれています。

デンバー、コロラドにも、ある研究所があり、そこがタヴィストック研究所のアメリカの本部のようになっています。

ニューヨークには、ハリマン夫人が持っている大きな屋敷があるんですが、そこに人を実際に洗脳していく、タヴィストック研究所の訓練所があるんです。徹底的に洗脳していく場ですね。

世界的な企業のトップは、みんなそこに行って訓練を受けるのです。アメリカの大使や、アメリカの国防省、国務省、いわゆるホワイトハウスの人たち、政権を持った人たち、CIAはもちろんの事です。

それから、ちょっとした学校の教授とか、財団の人たちとか、全部そういうところに送り込まれて、徹底的な訓練を受けていく。

ですから、アメリカは全部骨抜きにされて、教育もガタガタになっていて程度も低い。バートランド・ラッセルは、すごくアメリカを軽蔑しているのです。軽蔑していながら、はっきりと新世界秩序のワンワールドをつくっていく先兵には、アメリカを使うと言っているのです。

今、そのとおりになっていますが、そのアメリカがフロントに立たされて、日本に対しても要望書のようなものを出して、金融だけでも次々、日本からあれだけのものを奪い取りました。

例えば、長銀など、日本の税金を8兆円もかけたんですよ。それをたった10億円で新生銀行に売り飛ばして、リップルートのような投資会社、アメリカのハゲタカファンドにも売り飛ばして……。今や彼らは、何千億という利益を上げています。ほかのほとんどの銀行が、白人の支配下になっているような感じですね。頭取は日本人かもしれないけれども、ふたを開けてみれば外国人に牛耳られています。

クリントンのような政権、民主党は金融メーソンです。ブッシュのような政権は、軍事メーソンなのです。だから、どっちが大統領になろうとも、全部闇の権力から操られた人たちなのです。

CNNにしても、ラリー・キングのような人がペラペラしゃべっていますけれども、あの人もオリンピアンの完璧な操り人形です。ほとんどのネットワーク、そういうテレビに出るような人たちは、全部ＣＩＡのチェックを受けています。日本でもそうですね。政治に関してのコメントとか、北朝鮮に関わる事とか話している人たちの顔を見ると、ほとんどがＣＩＡの息がかかっている、そういう人たちしか出られなくなっている。全マスコミが、抑えられてるという事なのです。

私も以前、例えばすでに述べたような世界のトップ、リーダーたちを片っ端からインタビューしていきました。２年間続けて、日本のテレビ局、３６局で放映して、アメリカでも３８０局、ＴＢＳネットワークでやりましたが、その時にはこんな闇の権力があるという事には気が付きませんでした。

光の体験により得られた真実

しかしその後、１８６カ国を歩いてみて、１９７６年には光の体験といいますか、霊的な体験をしました。私たち人類一人一人は神の子であり、宇宙創造神であるその光の一部分を、良心の輝きとして魂の奥底にしっかりと抱いたものである。霊的な存在、この縦の軸ですね、誰でもが神の子であるという気づき。これが、二十一世紀の霊性の目覚めだと思うのです。

イデオロギーとか、宗教などを乗り越えたもの。それと同時に、人間は死なないんだという魂の永遠性です。

私は、コロンビア大学と大学院で4カ国語は学びましたけれども、習った事のない言葉、例えば3500年前のゼウス、アポロンのころのギリシャ語とか、2000年前のクレオパトラの時代のアラビア語とか、2500年前のお釈迦様の時代のインドの言葉とか、そういう習った事もないような言葉がふと思い出される事があります。その光の体験を受けた後は、数千年前まで遡って、いつ、どこで生まれて、何という名前で、何をしたという事を思い出すのですね。

それは、私だけではないのです。皆さんも、同じだと思います。一人一人の人間には、肉体的な先祖があると同じく、魂の先祖があるという事です。それが輪廻転生の過程において、魂の先祖として、意識下に生きているんです。

その体験を得た後、この魂は死なない、永遠なる生命であるという、横のきずなを知りました。縦のきずなは、神の子であるという事、それに、永遠の命という横のきずなを合わせて、命の大十字という事ができます。このクロスした部分を、スポッと心の中心に据えた時に、私たちはこの先の5年間の激動期を、びくともしないで大きな羅針盤を立てて歩んでいく事ができるのです。その事を理解させていただけたのです。

3500年前のギリシャ語なんて学んだ事もないのに、当時そういう事もお分かりの方が生きていらっしゃいましたから、ギリシャ語で語り合う事ができた。お釈迦様の時代のインド語でも、語り合う事ができた。あのギリシャの時代、すでにゼウスとアポロンの神託を受けて、私はギリシャ人の女性の命として、東に法を伝えに行った。すでに、人間復興に基づいたワンワールドです。今も、世界平和を行うために、歩んでいます。

私がずっと述べてきた今の世の中は、言う事を聞かなければ力で押さえ込む、細菌をばらまいてでも、皆殺しにしてでも従わせようとする世界です。全世界で10億人ぐらいまで減らそうと彼らは思っているようですが、生き残った人たちの世界で自分たちがエリートになって、全世界の人類を家畜のように従わせていくという計画なのです。ですから、アメリカをまず手始めに、人々を従順な家畜のように手なずけているところです。

日本人としてこれから準備できる事

そうした中で、先進国でも、日本こそは洗脳が少ない民族です。ヨハネの黙示録とか、キリスト教の世界を学んでいない人がほとんどなので、身体にＩＣチップを埋めるようなターゲットにされている一番の対象は日本人なんです。そのために、２００８年ぐらいから食料危機もつくろうとしています。

日本の実際の自給率は、１０％ぐらいしかないのです。ですから、一気に絞られた時には食料危機が来て、食料がほしかったら右手を出しなさい、ＩＣチップを埋めますよとなる。しかし、絶対に埋めさせては駄目です。肉体がくさるだけではなくて、魂にも影響してきます。

つまり、自分たちで用意しないと駄目なのです。**お水と食料を、3年分ほど備蓄していく。2008年ぐらいからです。**

これからもこうした情報は、太陽の会からもきちんと出していきますが、本当にそのような時代がやってきます。

永遠なる生命を信じてください。本当に高次なる人格が、皆さんの一人一人の心の奥底に潜んでいます。短い時間で心の浄化の話まではできませんけれども、私は太陽の会で2泊3日ぐらいの研修会も行っています。非常に波動のいいところ、仙酔島とか、幣立神宮とか、いろんなところで、心の奥底まで洗い清めるような、そんな研修会をしています。どんな事があっても恐れない命、私たちは死なないのですから、心さえ浄化していけば、どんな心配もなく、恐れもなく、乗り切っていけます。

皆さんもこれからの激動期、想像を絶するような事に見舞われていくようですが、心の浄化さえしていれば、頭の回りから素晴らしいオーラを出していけるような輝いた人格、高次なる人格を引き出していく事ができるのです。それも、人

に頼るのではなく、自分自身でやっていけるのです。心の浄化をしている限りは、何の心配もなくこれを通過していけます。

通過された後は、日月神示でも言っている半霊半物質の世界です。今、ここは三次元の世界ですが、フォトンベルトのその世界というのは、五次元なのです。地球丸ごと五次元の世界に入っていくわけですから、何億年に1回の大イベントです。普通、2万6000年に一回の、フォトンベルトを一周する周期ですけれども、今回はニビル星も近づいてきている。その星々の並び方、太陽フレアのすごさ、いろんな意味で、何億年に一回という事に遭遇するようです。

今後5年間、とにかく2008年ぐらいから、どんどん、どんどんと、いろんな事が始まっていくかと思いますが、皆さんが心を浄化していく限り、心配はないという事なのです。

911、アメリカ政府は何をしたのか

本当に今は、宇宙というか、地球全体が催眠術をかけられているような状況です。**9月11日のトレードセンターの事件、あんな飛行機だけでは、ビルはあのように崩壊などしません。アメリカ政府が無人機、軍用機に変えたのです。**無人機で突入して、下からも爆薬を仕掛けておいて、一気に建物が崩壊するような状態になっていました。飛行機一機ぐらいでは、ああはならないのです。

フランスのテレビ局が、ちょうどあの時に事件現場から帰ってきた消防士たちに取材を行っていましたが、彼らから証言もとって、写真もくまなく下から仰いで見ていくと、民間機ではありませんでした。窓もない真っ黒な飛行機。しかも、下部に膨らみがあって、ビルに突入する前にミサイルを撃ち込んでいるのです。そうする事で、飛行機が突っ込みやすいようにしてあったのですが、そこまで全部撮ってあったのですね。

一方、ペンタゴンに突っ込んだ飛行機はといえば、破片も何もない。そんな小さな穴に、大きな飛行機など入るはずはない。セキュリティー万全のペンタゴンですから、あらゆる角度から撮れるようにテレビカメラが取り付けてあるわけです。

それを後でFBIが行って、全部取り除いて持っていってしまいました。ペンタゴン以外のあるビルの所有者が、個人所有のカメラなのに、取り上げるというのはおかしいじゃないかという事で訴えを出し、4年間かけて裁判をしました。それがやっと通って、その1台のカメラだけは出てきたのです。

それ以前に、私の本でもそういう写真はたくさん出していますが、そのカメラの映像をCNNが実際に放映しました。インターネットでも、いろいろな市民運動でも、あの9月11日はアメリカ政府の自作自演という事がだいぶんうわさになってきていましたから、CNNがほんの2~3秒だけ流したのですね。果たして、工事中だったそこの部分には、飛行機の何の破片もなかったのです。ミサイルを撃ち込んだだけなのです。しかも、ペンタゴンのお偉いさんたちは全部、休暇をとっていました。

民間人が裁判で勝って、そのフィルムを取り戻したわけですから、CNNも出さざるをえなかったのですね。本当は他にもたくさんあるはずのフィルムを全部映して見れば、そこには何の破片もなかった、飛行機の痕跡は何もなかったという事がますます明確になるでしょう。そのような状態の中で、今でもブッシュが「テロ撲滅のために」と錦の御旗にして、全世界に向けていろいろとやっているわけです。

宇宙連合と共に作る地球の未来

「この状況をいったい、どういうふうにしていったらいいんだろうか、こんなにも世界が悪の力で封印されているのに、**どうやって人間復興と世界平和をしていったらいいんだろう……**」

ある時、1人八ヶ岳で緑の木々を見ながら、ボーッと考えていました。その時にパッとひらめいたのが、**宇宙連合と一緒にやっていくんだという事でした。**

それを思い付いた瞬間、すぐにUFOから「やっと思い付きましたね」と言われました。「本当そうなんですよ。**宇宙連合と一緒に、やっていくんです**」と続けて言われたので、「宇宙連合って何人ぐらいいるんですか」と聞きますと、「80万人います」と答えました。

「あなたにはぜひ、天橋立まで来てほしい」と言うから、「何ででしょう？　天橋立までどうして行くんですか」と言いますと、「そこは、かつてあなたが天照(アマテラス)であった時に縁のあるところですから、とにかくそこまで来てください。その時にUFOを見せながらお伝えしたい事がある」という事でした。

そこで、2006年8月24日、大阪の講演が終わってから、車で天橋立まで行きました。籠神社の奥の院で真名井（マナイ）神社というものがあり、今の伊勢神宮の本宮なのです。本当に天照の石碑とか、いろいろあったのですね。

その夜、漆黒の闇の中、露天風呂に入っていましたら、UFOが2機、スーッとやってきたのに気が付きました。すると、「あ、気が付きましたね」という事がメッセージとして伝わってきます。

「あなたにお伝えしなければならない事があります。残念ながらこれからとっても厳しい時代に入ります」と言うんです。

「もう、想像を絶するような事にも遭遇するようになるでしょう。でも心配しないでください。あなたがどこに行こうとも、本当に心を浄化している人たちは、我々が守っていきます」という事でした。「本当に今のままで、あなたが太陽の会でやっているとおり、人間復興をとおしての世界平和、それを一刻一刻大切に、そのまま進んでください」ともいわれました。私も心から、「あ、そういう事なのか」と、納得したのですね。

オスカー・マゴッチさんという方がカナダにいらして、ここ20数年間、毎月UFOに乗せられて宇宙に行っているのですが、今、2万人の人を乗せるだけのUFOを操縦できるそうです（「オスカー・マゴッチの宇宙船操縦記」明窓出版参照）。それで、空中携挙というのですが、心から光が出ている人たちを、一気に空中に引き上げる予定だそうなのです。

フォトンベルトの時がきて、地球上も、例えば原子炉が解けたりなどで住みにくくなるような場合には、そうした人たちを救う事になっているのですね。何万人の人でも、一気に乗せられるUFOがあるそうです。

今、ＵＦＯも全宇宙、いろんなところから来ているようです、地球がどうなるのか気にかけていて、いざという時は助けようというグループも多いのです。

ですから、どんなにたいへんな事が起こっても、そうならない事を願っていますが一時的にでもそのような事があったら、必ず私たちは助けに行きますからという事なのです。

私もＵＦＯを見ながら、身を持ってそういう話を聞いておりますし、ＵＦＯとの出会いも体験しています。その中には、クエンティンさんという地球担当の方もいらっしゃいます。

私があるところで、ある方の何千年も前の心のしこりというか、カルマというものを取り出してさし上げた時に、すぐにクエンティンさんが連絡してきて、「やっと準備ができましたね。これからあなたにお会いしに行きますから、カナダまで来てください」と言われました。

カナダにも、原住民が住んでいるようなところがあるんですね。アメリカインディアンのような人たちは、中南米を入れると５６００万人もいるのです。

そういう人たちの首長が集まるところに呼ばれまして、クエンティンさんとの出会いもあり、メキシコまでずっと一緒に旅行をしました。

そんな事が4年ぐらい前にあり、それからは、私が太陽の会で研修会をしたり、何か人が集まったりすると、必ずＵＦＯを見せてくれるんです。親睦会をしていますと、昼間でも窓から見えています。「あ、先生、ＵＦＯが」って、皆さん驚かれますね。中にはビデオカメラを持った会員の方もいて、それを撮影する事もできたりしました。ＵＦＯというのは、そうした形でいろいろ現れてくれるのですね。

光の天使の翼を広げて

今後、すごい時代に遭遇していきます。でも、何の心配もいりません。

この地球を助けていけるのは、一人一人の心に光を灯した、その光のネットワークなのです。草の根運動でしか、このような狂った世界を正していく事はできません。

皆さん一人一人が、これから光の天使として立ち上がっていくのです。一人一人なのです。

光の天使というのは、2つの羽を持っています。

左側の羽は、宇宙に関する事、地球に関する事、人間に関する真実を知っていく事。

右の羽は、目に見えない世界です。人徳とか、心の調和とか、どのようにすれば心の平静を保てるのかなど。

毎日の雑事と、魂の願いと、人生の夢と、この3つを統合して、しっかりと、イキイキと生きる事が人間の幸せです。充実感を持って、心の幸せとして生き続ける事ができる。そのお手伝いをさせていただけたらと思って、私自身、ワールドリポートというものを月に一回ずつ、発行しております。

マスコミは何も伝えてくれない。私たちはいわゆる組織ではないので、リポートをおとりになればその時に会員になる、やめたければ会を去るというかたちで行っております。

これから5年間、私もしっかりとアンテナを張って、皆さまといろいろな事を共有できるように、一刻一刻を本当に大切に生きていきたいと思っております。

(ひとりごと)

中丸先生と、外人記者クラブやホテルのラウンジで酒を飲む機会によく恵まれた。

不思議と話が進み、シャンパンも切れて、ウォッカでも飲みましょうと言われ、ブランデーに変えてストレートで6杯飲んだ頃、急にエジプト時代にタイムスリップならぬタイムストリップを体験した(笑)。

宮殿の中にワインの流れる川があり、中央には美しい目の鋭い美女が微笑んでいた。それは、クレオパトラ!

しかし、中丸氏の顔がクレオパトラに見えてしまってから「貴方は私を飲み込めますか?」と聞こえてきてから、フト我に帰り、年末ですからクレオ、楽しく過ごしますと、テーブルを後にした(笑)。

パラダイムシフト

白峰氏編

＊この講演会の５日前に40度の高熱により、肺炎と脳梗塞になりかけていた白峰氏は、宇宙連合のシリウス星人に緊急ＥＲのＳＯＳを出したら、なんと15分で身体が凍りつくように寒くなり、その後15時間の睡眠後、すべての体調が良くなり、５才若返ったそうです。

縁は過去世から繋がっている

今回、中丸先生が過去世でクレオパトラだったなら、私はシーザーでいたいという気持ちで、お話を進めようと思います。

今生では初めて、私とご縁ができた方もいらっしゃるかと思いますが、過去世で縁のある方もいると思います。私は本来、宗教家という肩書を持っていますので、そちらのほうが本当は得意なのです。あなたの過去世は行者でしたとかね。

昔、高橋信次先生という方がいて、亡くなる1年前に浅草で会いました。

その時、「君、遅いよ。15年前に来てなきゃ駄目じゃないか」と言われたのです。でも、その時から15年前といったら私はまだ学生だったので、あまりピンとこなかったのですね。

そして、ある手紙をもらいました。ところがその手紙の内容……、詳しくはお話できませんが、何が書いてあったかというと、古代のギリシャ文字でした。ギリシャ神話のストーリーだったのです。私がどこの神様と縁があって、何をして、というようなお話でした。その後、高橋先生は亡くなられて、二日間だけ夢に出てきました。でも、私はぜんぜん信用しなかったのですね（笑）。けれども、そうだな、あの時あの紙切れ1枚がなかったら、こういう世界に足を踏み入れたかなと思うと、うーんと首をひねる事があります。

今日は、ゼウス様とアポロンの系列の神々が、ちょっくらのぞきに来ていましたね。ただし、とても残念な事に、入場料を払ってくれませんね。皆さんと一緒に、多くの見えない霊団の人たちもおられるようです。

光の叡智　ジャパン〝ＡＺ〟オンリーワン

今回、皆さんにお伝えしたい事、テーマは、「**光の叡智　ジャパン〝ＡＺ〟オンリーワン**」ですが、そのお話を少しします。

まず「**光の叡智**」、この言葉にはすごく意味があります。叡智というのは、別格、または格別という意味です。

例えばこの「格」が人格であれば、人とは別だよという事。これが神であれば、神とも違うという事で、格別という事です。

日本でいえば、比叡山という天台密教の山があります。これは比類なき、別格の山だという意味です。英語で言うと、エクセレント・オンリーワンですね。

すなわち、叡智というものは、比類なき知恵。普通の知恵は、漢字で書くと「知識」です。

この「知恵」と「智慧」は、ぜんぜん違うのです。知恵というのは、人間が作ったもの、学習できるものです。智慧というのは、マニュアル、テキストがいっさいないのです。わき上がるもの。智慧というのは、学習しないのです。生命形態につながっているもの。例えば、読み書きができなくても、「おぎゃー」と生まれたばかりの赤ちゃんでも、熱い火種を触ればどんな人間も瞬時に反応する、そうしたものであり、**生命と直結したものを智慧といいます。**

だから、英語のHomo sapiens（ホモサピエンス）というのは、本来この事です。今、東京には別なホモが多いですけれど、本来のホモはそうではないのです。

例えば、先ほど情報機関の話が出ました。intelligence（インテリジェンス）という言葉がありますが、インテリジェンスのほうは、残念ながらまだ学習段階の知恵なんです。だから、常に学習していかなくてはならない世界なのです。

本当のインテリジェンスは、同じ「I」の文字でも、意味がぜんぜん違うのです。同じ「I」でも、「I」が違うのですね。それは、integrity、誠実さがあるものなのです。

そして、「光の叡智」というのは、知識でもない、知恵でもないのです。「格別な智慧」であるという事。ですから、すごく深い意味があるのです。

そして、この「光の叡智」の「光」という言葉。宇宙をつくっているもの、つまり宇宙の構成要素とは、簡単に分けるとたった三つです。その一つが、光素です。光。光は、プラズマなど、いろいろと分解できます。

光というものは、音になります。111元素など、いろいろとあります（本当はもっとありますが)。3次元の物質世界では、「色」にもなります。

五大というのは、空・風・火・水・土です。神のエレメント、これは数です。ですから、数の中心というのは必ず5なんです。81の元数(※魔法陣、数陣の中心は41イコール5です)がありますが、全部中心は5です。41という数も、4+1で5なんです。

光というものは言霊学で「日神理(ヒカリ)」、数霊でいうと81です。面白い事に、これと同じものが人間です。すなわち、人間イコール光であると!

光につながる仕事——ライトワーカー

「光の叡智」について、もう少しお話をします。実はこの「光」というものには、もう一つの意味があります。光、イコール人間という事であれば、光と人間をつなげたものはいったい何か。これを、「ライトワーカー」といいます。**ライトワーカーとはすなわち、光の仕事をしている人たち。光につながる仕事をする人。**

これに「観る」を付けると「観光」になりますね。だからって、旅行代理店ではないですよ。トラベラーではないのですね。光、すなわちこの自然界の現象、環境とか、全部を変えていく。光に向けての進化を導く人たちを総称して、ライトワーカーと呼ばれています。

昔、2000年より前、彼らは「ピースメーカー」と呼ばれていました。平和主義者であったり、平和の体現者であったりしたのです。それから2000年が過ぎ、今ではピースメーカーとはいいません。ライトワーカーです。

そして、この延長で今話題になっているのが「LOHAS」というもの。これも、実は全部つながっています（**詳しくは、拙著「地球維新　ガイアの夜明け前」をお読みください**）。

国家間のパワーバランスとは

先ほどアメリカの話も出ましたが、世の中には、やらせというものがあります。

仕掛けがあります。いい悪いは別として、全部ストーリーです。やはり演じる人がいて、被害者がいて、加害者がいて……、そういうストーリーをつくってきたわけです。

興味深い話をしますが、イギリスでロシアの情報機関の人間が殺害されましたね。何で死んだかというと、大きさでいうとほんの小さなもので死んでしまったのです。小さいものですが、その値段がどれぐらいするかというと、46億円もします。

それは、放射性物質です。イギリスに点、点、点と6カ所ぐらい、そういう痕跡があったといいます。

でも、私から言ったら、**本当のスパイは証拠を残すような事はいっさいしません。**では、なぜ足跡を付けたのか。ここが問題です。

今、イギリスとロシアは仲が悪くなっています。でも、たった一人の要人を暗殺するのに、なぜこんなにややこしい事をするのか。あえてマーキングをするのか。普通はしませんね。証拠を残さないでやるのがプロの世界ですから。証拠を残した時点で、これは仕事ではないのです。すなわち、要人暗殺という名目において、イギリスとロシアの外交関係を悪くするのが目的だったのです。ではいったい、だれがそんな目的を持っていたのか。

実はエネルギー問題で、アメリカとイギリスは今まで仲がよかったのです。でも、これからの世界戦略については、もうアメリカ中心だけでは考えられない。エネルギー戦略において、ＥＵはユーロという通貨を中心にするようになってきました。

例えば、**石油の決済をドルからユーロに換えたために、えらくたたかれました。**でも、エネルギー問題では、イギリスは独自のポジションを持ちたいという事で、ロシアに接近していました。それをかぎつけたアメリカさんは、「まずいよ、今まで仲良くやってきたのに、イギリスさん。ロシアよりになっちゃ困るんだよ」と言い出します。なぜかといと、ここには中国も絡んでいるからです。

つまり、パワーバランスを取るために起きたのが、実はこの事件だったのです。皆さんがテレビのニュースなどで見ていると、イギリスとロシア間でいろいろあったと思うでしょうが、この後ろでは、こういう目的を持った人たちが、一生懸命仕事をしていたわけです。

すなわちこれは、映画『カジノ・ロワイヤル』ではありませんが、CIAの世界での問題なのです。これも、2008年あたりには出てくるでしょう。

イギリスとロシアでの利権争いもあります。具体的に私が言ってはいけないいんですが、ある事で、ある問題があるのです。2008年には、この問題も暴露されるかもしれません。私の知り合いが記事を書いていますからね。新聞にも、BBCにも、2ちゃんねるにも出るかもしれません。しかし、とりあえず表向きは、今はけんかしてなきゃ駄目なのですね。

プーチンさんは、「困った、困った」と言っていました。でも、イギリスのほうが上なのです。「プーチンさん、分かってるって。あなたはこんなへましないでしょう。第一、ロシアにそんな金はないでしょう、こんな高いもの」と、同情しています（オッパッピーの世界）。

では、こういうのがお家芸なのはどこかといえば、世界で1つしかないでしょう。ＣＩＡかもしれませんね（聞いた話では）。

今回は、こういう闇の話ではなく、光の話をしようかなと思っていたのですが、こういう話の方が好きな人も多いですね。

でも、このＣＩＡの「Ｉ」はこっちのインテリジェンスの世界だから、どこまで行っても駄目なのです。彼らは、知識を使ったインテリジェンスである限り、一生涯、勉強せざるをえないのですね（ＮＡＳＡの方が上手ですね！）。

サナンダ（キリスト意識）のＡＺ

脱線しましたので、話を戻します。今回のテーマ「光の叡智　ジャパン〝ＡＺ〟オンリーワン」。叡智の意味は分かりましたね。

皆さん、ここに注目してほしいんです。ヒットした本の「ジャパン　アズ　ナンバーワン」のアズは「ＡＳ」なのですが、あえてＡ、Ｚにしました。これは、暗号です。アルファベットはAから始まってZでしょう。ＡＺというのは、記号でアルファとオメガを表すんです。最初で最後という意味です。宇宙でいうとサナンダ（キリスト意識）で、キリスト意識の三次元の形象記号がＡＺです。覚えておいてください。

では、キリスト意識というのは何かといったら、宇宙創造から地球が、宇宙が終わるまでの、すべてのストーリーをもって本来のキリスト意識です。

だから、西洋で言われている人間ではない。キリスト意識というのは、縦軸と横軸のエレメントであり、光素、元素、五大、この形を象徴したものを、神の法則として説いたのがイエスさんでした。

皆さん、疑問に思いませんか。世界にはこれだけの宗教があって、愛や平和を説いているのに、なぜいまだに戦争をしているのか。昔も今も、宗教の名において戦争しているのですね。昔は進化だったのですが、今は変化のためにやっています。

例えば地球創造期からずっと、戦争がなかった事は一度もない。いつでも必ず争いがあったのです。ある時代までは、生命進化という過程でやっていました。それは、地球環境が厳しかったからです。昔は現在のように安定した地盤ではなく、地球の地核が固まり、人間が住める状態になるまでの、例えば宇宙から何者かが飛来したとか、そういういろいろなものは全部、進化のドラマだったのです。

しかし、人間というものが住み着いてから、地球に変化が起こりだしたのです。進化と変化は違うのですが、人間そのものがＤＮＡにブロックをかけられて、人間が本来、神であるというのを認知できなくなり、それから人類に変化が生じました。

でも、これがまた再生するのが２０１２年からです。そして、そのパスワードというのが実は、ＡＺなのです。なぜＡＺかというと、アルファベットの象形でいったら、２０１２年の記号がＺだからなのですね。覚えてください。

キリスト意識というのは、地球創造と同じです。皆さんは勘違いしてるでしょうが、キリスト教のキリストと、サナンダというのは違うのです。この太陽系の

2万6000年の黄道周期を動かしている太陽そのものの意識、太陽系の意識の事を、宇宙ではサナンダと呼んでいるのです。

その意識が地球に降りてきて、人々を救ったからキリストといわれているだけです。**キリストは、日本語でいうと救世主ですからね。救いの世の主であって、個人の単体ではありません。**

皆さんもこういう世の中を変えたいとか、どうにかしたいという時は、キリスト意識とつながれば、ご自身でそういう役ができるという事です。

ここを勘違いしないでください。サナンダという言葉は、太陽系全体の意識なのです。水金地火木土天海冥という、太陽系の惑星があるでしょう。この運行リズム、その事を、宇宙ではサナンダといっています。

地球を進化させるために、エネルギー体が金星を経由して地球に降りてきた、それがキリストといわれてます。これは、本には書いてありませんが、地球創造期から宇宙の進化、最終進化までをつかさどる意識体の一つです。すべてではありません。それが、AZといわれているのです。

そして、このＡＺの命令で銀河から太陽系に降りてきた人たちを、「ワンダラー」といいます。

とりあえず、２０１２年がＺ周期だという事。最後の形態になります。

でも、**２０１２年に終わるのではない、正確にいうと、２０１６年です。**

なぜかというと、２０１６年からがみずがめ座だからです。２０１２年にはまだ、本格的にはみずがめ座に入っておらず、２０１６年から、うお座からみずがめ座に完全にシフトするのです。

日本のオンリーワン

そして、オンリーワンの話です。日本のオンリーワン、すなわち日本にしかないものは、三つあります。

一つは言葉。大和言葉ですね。世界中の言語を調べている言語学者は、日本語は難しいと言うでしょう。アルファベットは２６、日本語は５０音といいますけれど、音は７５音、数霊を入れたらどうなると思いますか？　約２４０種類もあります。

日本の言語形態というのは、本当は５０音ではありません。日本人には、５０音のほかにも音を認識する力があるのです。西洋人はセミの声を聞いてもノイズ、雑音にしか聞こえない。日本人にしか、そうした音を認識する力はないのです。**吉野の大峰山に７５の峰があるというのは、実は音を祀っているのです。大峰山、修験道。だから、天河には鈴があるのです。**

二つめは数。数も実は、意識で読み取れるのです。数霊は８１。その他、全部足すと、認識形態で２４０もあるのです。これを覚えてください。

そして大脳生理学で、特に東洋人のある民族、朝鮮半島と日本列島のある一部の人だけで、ある周波数にしか共鳴しない信号があるそうです。これも、将来出てきます。

まずは、日本の特異点として、本来これを「霊(ひ)の元(もと)」といいます。その表現こそ言葉です。コトバというのは、光の波。これは世界の言語の中枢、原型です。

なぜなら、数と音と言霊の、すべての総称ですから。

これについては、5時間ぐらいしゃべれます。例えば、古代ヘブライ語がこういう文字で、それから日本語となったとか、世界の言語はこうなってなど、全部説明できます。ただし、それをすると、言語学者の先生方が怒っちゃいますから。「白峰、お前は何様だ。そんな事やると、俺は飯を食えなくなるだろう」と言う人がいますからね（笑）。

さて、まず一つはコトバ。それからもう一つ、食なのです。身土不二。古来の日本食そのものが、人間の霊性を高める。もちろん、添加物も入っていません。先ほどのイギリスの毒の問題。私は言いたかった。なんで彼は日本食を食べなかったのか。銀の箸を使って食事をすれば、箸を使った時点で毒が反応して、変色していたでしょう。すぐに毒と分かったはずです。そしてわさびを食べると解毒ができるとか、日本食そのものがすごくいいのです。本来の日本食というのは、不老不死の薬そのものなのです。ロシアの情報機関の人が日本食通だったら、わさびをポケットに入れて、銀の箸を持っていたかもしれません。そうすれば、毒の入った食べ物を口にする事はなかったでしょう。

だから、秦の始皇帝が、日本には不老不死の伝説があると考えていたそうですがそれは薬草ではないのです（日本文化の普遍性と食と霊性のかかわりです）。まず、日本の龍体の国土そのものが、火山国であるだけではなく、ものすごく気が集まっている。それで秦の始皇帝の時代には、どこが一番エネルギーが強いかというと、中国の風水師は日本の富士山と伝えています。

私たちはここ、日本にいるだけで、黄金のオーラに囲まれてるんです。寿命もぜんぜん違う（されどまだ封印され、本来の機能の37％しか出現せず！）。

そして、本来の日本食というものは、氣がぜんぜん違うのです。氣、すなわちエネルギーが。「氣」という言葉は、米という字が入るでしょう。米という字は、光の恵みと書いて「米恵（こめ）」と読むのです。光の恵みなのです。太陽のエネルギー素子が結晶となり、できたものが米なのです。

だから、玄米を食わなきゃいけない、白米は駄目だと言わないでください。米という言霊、光の恵みの米、そのものが氣を宿しているのです。これでできたお酒をお神酒(みき)というでしょう。ブランデーの事をお神酒といいますか？　いわないでしょう。**お神酒という呼び方は、世界では日本、ここにしかないのです。**

すなわち、**食文化、イコール日本の霊性そのものを表しているのです。**だからといって、私はパンでは駄目だとか、スパゲティーでは意味がないとか、そういう事は言いません。でも、基本として本来の日本食というものを食べていれば、日本人の体というものは大丈夫なのです〈詳しくは拙著「☉日月地神示」〈明窓出版〉をぜひご一読ください〉。

一番面白いのは、禅寺の修行僧。彼らのカロリー摂取量は、1日500kカロリーです。一汁一菜ですからね。朝3時に起きて、肉体労働で2500kカロリーぐらいの仕事をするのです。すると2000kカロリー足りないですね。でも、彼らは頭はつやつや、体は元気、病気一つしない。なぜでしょう。彼らは氣を食べているからです。

日本人が本来の、農薬や添加物がない、普通の正食を行っていれば、日本人の

霊性は本来の力を取り戻します。俗にいう超能力とか、そういったものを皆さんも持てるのです。

なぜならば、この龍体の国土にいて、正しい食事、正食をしていれば、誰でも魂に栄養が行きますから、開花するのです。

だから、どこかの国では、日本人を農薬づけにしようとやっきになっています。献血にしてもそうです。本当は、血はそんなに足りなくありません。それなのに、東洋人の血ばっかり採っています。YAP遺伝子、東洋人の中にしかない遺伝子コードと、東洋人の中にしかない、プラーナ、氣を集めるシステム、それを解明しようとしているのですね。あるいは、血液そのものを摂取したがる存在がいる。

そしてもう一つのオンリーワン、これはやはり、万世一系の天皇制です。

例えば「天皇」という言葉は、日本の言葉ではありません。シュメールの言葉だったり、いろいろありますが、実は「万世一系」というのがすごく大切なのです。日本人であろうと、渡来人であろうと、男であろうと、女であろうと、霊

（ヒ）の結びをする、その事によって、万世一系というものがずっと守られてきているのです。英国には王室があります。しかし皇室というもの、皇（スメラ）の系列は、この日本にしかないのです。これがすごく重要です（拍手して）。

私はたまに、アメリカの人とお話をします。彼らは皆、英語でしゃべってくるのです。フランスではフランス語。私は中丸先生のようには英語ができません。昔は英字新聞を読めるぐらいできたのですが、ある時から英語の回路がなくなっちゃいました。そうすると不思議です。私が英語でしゃべらないで「うーん」としていると、お前は英語が分からないのかって言うのです。外人の方が、日本語でいうんですよ。「白峰さん、あなた、英語分からないの？」って。「そんな事ねえよ」って私は答えます。「ただ、俺は日本人だからさ」って。

「どうして英語をしゃべらないんだ」と言われた時、私はプロゴルファーの青木さんの話をするんです。彼は、全米でトーナメントに出た時に、キャディーとして奥さんを連れて行ったりしましたが、全部日本語で通すのです。優勝した時も、日本語でスピーチしているのです。「私は日本人だ。なぜ英語でしゃべらなきゃい

けないんだ」という事なのですね。それを聞いて、それはそうだなと思いました。

不思議なもので、私はしゃべれませんというと、外人さんのほうが日本語で話しかけるのですね（笑）。だから、何も英会話なんて習う必要はないのです。優秀な外国の方は、ほとんど日本語をマスターしていますから。

そして、面白いのは、日本語というものを話す事によって、外国の方の左脳の社会から、右脳に近い周波数に変わってしまうのです。言葉はそれだけ重要なのですね。**言葉は国体です。**

食もそうです。食は文化ですから。食を変えるという事は、文化が変わるという事。

そして、変えてはいけないのは、**万世一系。**これは変えてはいけない。なぜかというと、南朝だ、北朝だとか、女性だ、男性だ、渡来人だ、宇宙人だ、未亡人だ、野蛮人だ、そんなのは、私からいわせたらどうでもいいのです。ずっとつながっている霊の元の系列があるのですね。

アメリカは建国260年。イギリスも、そんなに長くはないです。中国は50

00年とか言っていますけれど、日本が世界最古です。そんな事を言っちゃうと、また私のパソコンにウイルスを入れられて動かなくされてしまいますけれどね。今日も言われました、「白峰先生のホームページはないんですね」って。もう、6回も入れらています。この前も新しいパソコンを買って、さあやろうと立ち上げた瞬間に、「オッパッピー」で終わり。これは、私だけではありません。エハン・デラヴィさんもそうです。アメリカにカーライルという財団がありますが、そこの悪口をずーっと言っていたら、20分たったら全部消されちゃったという（笑）。

私も、日本人もどきや世界政府の中の人について、実名で三人ぐらい書いて流そうとしていたのです。そうしたら、金庫が破られて、資料が盗まれて……。でも不思議なのは、お金は持っていかないのです。金庫に7万円入ってたのに、持っていかないの。お金よりも、書類のほうが価値があるのですね（笑）。

そして、実は2006年に、私は曝露本を出そうと思っていたのです。『地球大変革と世界の盟主』の暗号コード。暗号コード表も、持っていかれました。

でもそれだけは、インターネットで全部配信してやろうと思って、セッティングまでした。そうしたら、全部消されちゃったのです。1回目は、偶然だといました。2回目は、嘘だろうと思いました。3回目は、本当だなと。4回目は、こいつら、やる気だなと。**5回目は私、仕掛けしました。**6回目、またやられました。フレッツ光が止まった事があったでしょう。あの時、同時にやられました（女優の長澤まさみがその時、夢の中で私の家へ遊びに来ました〈笑〉）。

それで、もうコンピューターは持ちません。使えませんから。

話が飛びましたけれど、戻します。

それで、この万世一系、食、それから言葉、言霊、コトバ、これが皆さんの一番大切なものなのです。日本には、在日の方もいます。私も実は28代遡ると、中国に行っちゃうのです。26代前までは日本人です。

そしてギリシャ、エジプト、アトランティス、シャンバラetc. 2万回の転生で5億年と言われた事がありますが、今は酒を飲み過ぎていっさい記憶はありません（笑）。そして最後は宇宙まで行っちゃうという事。そうすると、うちのお父さんはプレアデスです、うちはオリオンです、はい、シリウスから来ました、となっちゃうわけです（ですから、人種問題なんてナンセンスですよ、ホントに！）。

竹内文書の中にも、今の天皇家はシリウスから来ていると書いてあるのです。

でも、古史古伝の中で、一番面白い事があります。五色人類という言葉があり、黄色、赤、黒、白、青だという五色人類の総体としての、霊の元の国の人たちは、黄金人種だそうです。こういう事も書いてあるのですね。

ですから私は、シュメール発で世界文明が起こったとは思っていません。

だって6000年前の話でしょう。では、1万5000年前はどうだったの、2万5000年前はどうだったの、3億年前はどうだったのといえば、シュメール文化はないのです。極端な話、1万5000年、それから2万5000年の周期まで戻ってしまうと、アトランティス時代になるのです。

そうすると、世界の文明の中心はアトランティス。じゃあ、それが中心なの？と言えば、じゃあ、もっと時代を遡ってみましょうとなります。すると、レムリア、もっと行くとパンゲアの時代。まだずーっと遡るでしょう。そうすると、今度は宇宙から飛来してきたとなるわけです。

五色人と光の一族

ただ問題は、われわれはとりあえずヒューマノイドなのです。肉体、こういうボディを持っている。イソギンチャクでもなければ、お化けでもありません。このボディを持って、ヒューマノイドとして、人として成り立っている。霊が止まった人、霊が肉体に宿って、人間として存在しています。

本当は48の人類があったのです。でも、それを分かりやすく五色に分けた。でも面白いのですが、黒人の方でも、白人の方でも、南米で3カ月暮らすとだんだん顔が黄色くなってくるのですね。日焼けもしますし、生活で変わってしまうのです。

ところが、どうやらこの黄色人種の中で、特に北朝鮮、韓国、台湾、それから中国のほんの一部と、今の日本列島の人たちは違うのです。

もう一つ面白いのは、ユダヤ、秦一族。この末裔の血が入っている人たちも、実は黄色人種ではないのです。ユダヤ人は、色分けすると何色だか知っていますか？　紫なのです。では、日本で主に紫の服を着ている人は誰かといえば、お坊さんでしょう。では、お坊さんが一番多いのはどこか、京都ですね。だから、紫というのは尊ばれたんです。これは、誰も発表していません。なぜかというと、これはこの一族にしか分からないからです。紫色というのは、そういう意味がある。なぜお坊さんが紫の衣を着ているのか、これは九紫火星とか占いの世界だけではなく、秦一族がこの色を一番尊んだのです。琉球王朝の首里城も、元になっているのは紫禁城で紫。あと、江戸むらさきという食べ物もありますね。

この紫の話をずっとしていたら、長崎の色は今日も紫になっちゃいますからね（笑）。このへんで（シオンとは紫音でありんす）。

さて、世界で64億といわれている中で、1番多いのは実はイエローなのです。だから、アメリカが昔日本と戦争した時に、イエロー・モンキーって言ったでしょう。あれは言語学的にいったら、黄色人類全員に対する事なんです。お前たちはイエロー・モンキーだというね。日本人だけではないのです。黄色人類に対する非難をしてたんですから。もう完全な人種差別です。

しかし、白人は鼻が利くといいますか、利益があるところには進出しているのですね。南アフリカ共和国に行った事がある方は少ないでしょう。私は先日、ダイヤモンドを採りに行ってきました。街を歩いているほとんどの人が白人です。南アフリカ共和国の人口の、6割が白人なのです。黒人さんはどこにいるのと聞くと、みんなアメリカにバイトに行ったよとか、ヨーロッパのどこかの国に行っちゃったというのですね。

話が戻りますが、この黄色人種の中で、特に東洋の一部は、遺伝子的にもエネルギー的にも違うのです。その違いは何かといえば、ここの言葉を文化にする人たちというのは、元々、どうやら光の一族らしいといわれています。黄金人類という言葉がありますが、これを英語で言えば、「ゴールデン・フォトノイド(GOLDEN PHOTONOID)」です。すなわち、地球が次元上昇する時に、世界人類のひな型としてまず、黄金人類が輝いていかなければならないという事なのです。

そして、先述しましたが、「ＬＯＨＡＳ」という言葉がありますね。「ＬＯＨＡＳって何ですか」と、ある方に聞かれました。英語でいったら環境・育成という言葉がありますが、私がＬＯＨＡＳを一言で言ったら、古代縄文意識なのです。地球に優しい。生活にも環境にも優しい。すなわち、日本の古代縄文時代の生活形態を、今は格好付けてＬＯＨＡＳと言っているだけです。

「言葉」、「食」、それから「万世一系」。この三つに関しては、「不易流行」という言葉があるんです。繰り返します。「不易流行」。「不易」とは、絶対変えてはいけませんよ、というもの。どんなに時代がたっても、どんな時にも、絶対に変えてはいけませんよというのを「不易」といいます。こまの中心です。芯ともいえます。絶対に変えてはいけないもの、それが「不易」。流行というのは、時代とともに変わっていくもの、変えていくもの。すなわち、変化と進化の事です。**不易流行によって、歴史というものがつくられるんです。**どこかのイルミナティーとか、どこかの世界政府の人たちは、流行を一生懸命やっているのです。自分たちの思うような世界に変えたい、変えたいと。

でも、絶対に変わらないものがあるのです。外交評議会とか、ロスチャイルド、ロックフェラー、私も昔はちょっとつながりもありましたが、彼らの奥の院は、彼らより格段に力を持っている、宇宙存在です。まず、エネルギーが違います。システムが違います。そして、地球上の意識を動かしていますし、確かに世界中の人々は、そういう人たちの家畜といわれてもおかしくないような洗脳にかかっていたりしますが、私は最近、特に思うのです。2002年が終わってから、その人たちのシステムが崩壊してきていると。

例えば、ベトナム戦争。アメリカが勝ちました。でも、負けました。今回のイラクの戦争でも、アメリカに行くと、2万人のノイローゼの患者がいるのです。そして、自分たちが落とした劣化ウラン弾でおかしくなってる人たちが4万人。国連軍が数字を発表していないだけで、アメリカ自体もかなりの痛手を負いました。これで、戦争に勝ったとは言えません。

911の事件もそうですが、今までは、相手を叩いて喜んでいました。でも、もう叩けなくなったのです。戦略、戦術などは、この時代では意味がなくなってきたのですね。たくらみ事をしようと思っても、暴露される。どんなにきれい事をいっていても、後で分かってしまう。だから、ブッシュさんも以前は息巻いていたけれども、今はああいう状態でしょう。もし、ブッシュさんが大統領を辞めて5年ぐらいたったら、世界一の悪党、ブッシュと言われてしまうかもしれません（彼はシステムを破壊する働きです。悪人にあらず、ロボットです）。

彼らは、金と名誉と権威の世界で生きていますから、面白いのです。何が面白いかというと、彼らもいずれ死ぬのですけれど、最後は名前を残して死にたいのです。そのため、誇りというものをすごく大切にします。これが、彼らの弱点でもある。ただし、今の誇りは別な意味のホコリだらけですけれどね。

だから、今までは戦争をやって、勝って、占領をして、上の立場にいた。911の事件も含め、いろいろな問題を細工していった。しかし、これからは通用しなくなります。インターネット時代になって、マスコミ情報公開法もでき、民の力や、こういう大衆、マスの力が、マイノリティーを超える事があるのです。**インターネットというものは地球規模ですから**、アメリカだけの情報とか、「どこかの国の」というのは通用しなくなります。彼らは、世界を管理しようと思って作ったシステムに、逆に自分がやられてしまうのです。分かりやすく言うと、ミイラ取りがミイラになりますよ、という事です。

そうすると、戦略というのものを根本的に見直さなければいけない。ある時代までは、戦って領土を占領して、頭から押さえつけてきました。でも、その方法は悪く言われるし、アメリカの誇りがなくなる。だったら、戦争の形態をまるっきり変えようじゃないか、侵略の形態を変えようじゃないかという事で、第一に変えたのが貨幣経済なのです。戦後60年、実は皆さんは経済戦争に負けてます。でも、大和魂はどこに行ったんだとか、日本人の霊性はどうなったんだとやっていますが、私から言わせたら、とりあえず、われわれはまだ日本語をしゃべっている。とりあえず、食というものは完全ではないけれども、何とか守られている。とりあえず、万世一系の制度も保たれていますから、実は1000年、2000

年たっても、変わった、変わったといわれても、占領された、洗脳されたといわれても、まずこの三つだけは守られているのです。だから、私は逆に、まだ大丈夫だと考えています。

アメリカさんが金がほしいんだったら、こちらは一生懸命、刷ってあげればいいじゃないですか。いくらでもあげればいい。戦争するのは、ほとんど金目的です。金がほしいからやるのです。だったら、お金をあげればいいのです。いくらほしいの?って聞いて、あげればいいんです。

これからの世界戦略のテーマ

これが実は、次の世界戦略のテーマなのです。民族問題があって、対立して、どうこうとかやっていても、例えば、白人もこの誇りというものにすごく弱いのです。ロスもロックフェラーもそうです。今までは、それこそ人を殺しても平気だったのですが、このごろちょっと人間らしくなってきて、自分たちの一族の孫の代や、100年先まで考えた場合に、汚名を着せたくないと考えている。逆に、地球の歴史上で、地球のためにいい事をやったという史実を作りたい、ストーリーをつくりたい。つまり、世界征服というのは彼らのストーリーですが、実際、彼らがつくったのではないのですね。宇宙存在が、地球を管理するためにこのシステムを下ろしたものなのです。だから、使用者責任からいったら、ここではなく、ここの上にある、奥の奥の院にあるのです。しかし、その存在すらも、地球が次元上昇する事が分かっていますから、もう地球に干渉しても駄目かなとあきらめている存在が半分くらいいます。

あとの半分は、やっとここまできたと、やっと宇宙連合が干渉できるのだと考えています。二つのグループになっているのです。

はっきり言います。2012年以降は、国連に変わって宇宙連合が合体します。だから、映画でも『X-MEN』とか、あのような世界を描いたものがあえて上映されているのです。ハリウッド映画の世界では、映画を作る資本を出すあやしいおっちゃんたちがいるのですが、しかし、そのストーリーを書いているのは上からの命令である場合がけっこう多いのです。

ですから、２００８年以降のアメリカ映画は、戦争物ではなく、日本的なというか、ここ「霊の元」の世界に訴えるようなものが増えてきます。今までの宇宙人というのは、タコのような形態だったり、侵略ものだったりしたでしょう。２００８年以降、ハリウッドで創る映画は、内容が変わってくるのです。

すなわち、世界がアメリカで恥をかきたくない、イルミナティーが恥をかきたくない。世界でフリーメイソンが悪口を言われたくないという方向に、変わりました。だから、表では良い事ばかりしてします。それでもやはり、一握りですがまだ誇りを持てない人がいます。

けれども、その人たちだって、自分の細胞とか遺伝子をとって冷凍保存し、３００年、５００年、１０００年後に再生するとかやっているのです。皆さんも、ちょっと１０億円ぐらいのキャッシュを持って、アメリカで細胞をとって冷凍保存してくださいと言ったら、いくらでもやってくれるんですよ。でも、冷凍保存をしていても、できない事があるんです。例えば実験で冷凍保存して、１０年たって戻してみると、ふぬけになってしまうのです。確かに生き返りますけれど、魂がなくなっているふぬけ状態。それでは、冷凍をやってもしょうがない。彼らはもう分かっています。永遠には生きられないという事を。魂は永遠です。しかし、**肉体は永遠ではないという事が分かっちゃったのですね（クローンの限界）**。

例えば、外宇宙では肉体を持っては生活できません。この地球の重力、磁場、太陽の位置、それからエネルギーの密度、それこそ神一厘の仕組みの中で運営されて、われわれの肉体を保っているのです。火星に行けるか、金星に行けるかと検討はされていますが、肉体を持って地球上と同じようないでたちでは生きられません。ただ、太陽系には全部、存在が住んでます。これが将来、暴露されるのではなく、彼らは、地球人の意識、ポテンシャルがあと3段階上がった時点で降りてくると言っています。それが2012年からなのです。

5000年前のマヤのカレンダーにもありますが、遺跡の中に、円盤に向かってみんなが手を合わせている絵があるのです。それは、2012年になったら、宇宙から来るよという事。だから、アメリカとロシアはスターゲート計画など、わざと冷戦をしていましたが、来たるべき宇宙存在に備えて、一生懸命宇宙防衛をやっているわけです。なぜかといえば、彼らの既得権益が奪われるのではと懸念しているという事なのです（そして地底人こそ、宇宙存在なのです）。

輝く光の命――日本の天命を知る

最後になりますが、ここが大切です。

「光の叡智」はすなわち、皆さんは最後、光そのものに戻るんだよという事です。

先述したように、北朝鮮の問題とか、戦争の問題などは、あと2、3年たったら大丈夫。なぜかというと、それこそ食糧危機だ、天変地異だで忙しく、地球というものに目を向けざるを得なくなります。そして、宇宙というものに目を向けざるを得なくなります。その時に、隣の人がどうだとか、戦争の問題とか、言ってる場合じゃないのです。以前、彼らは本当に人間を抹殺しようと考えていました。ただし、ある時からそれはできないと分かったのです。

なぜかというと、これまでオフレコでしたが、将来、人間をえさにして食べようとしている宇宙存在がいるのです。本当の話。そのために、どうせ食べるなら太らせて食べる、ブタのようにです。だから、病気やウイルスで殺すだけではなく、その宇宙存在が来たら、皆さんはえさになっちゃう。実際にあるのですね。シーチキンみたいに、みんな缶詰にされちゃう。SFの世界ではなく、現実世界の事です。でも、そういう宇宙存在も、ある時期から地球に干渉できなくなってきています。

光の叡智について、まとめます。日本唯一の役割、天命を知り、五色人類の総体として、地球人類を導くライトワーカーとして光の叡智を働かせる。本来のイルミネーション。イルミナティーではありません。ライトワーカーというのは、こうした意味です。輝く光の命という事。仏教の言葉では「妙法蓮華経」とか、「帰命」といいます。命に帰る。これを仏教では、「妙」といいます。しかし、本来の「帰命」というのは、輝く命だという事。

だから皆さんは、光の叡智、普通の知識や知恵ではなく、格別なものを持って日本に生まれた、そしてそのＡＺという神の計画の元（太陽系の進化計画です）、オンリーワンに目覚めて、ぜひ頑張っていただきたいと思います。

パラダイムシフト

対　談

中丸　薫氏　⊙　白　峰氏

古代ユダヤ人と日本人

白峰：2007年は19の数霊、これは常立(とこたち)ですから、日本本来の国のかたちを立て直す。細木数子さんではないけれど、ずばり言いますとね、美しき日本という安倍さんが唱えているものが、できるかできないかは2007年に決まります。

小渕さんの時には、日本独自の外交をしようと、一時ちょっと切り替えました。結果どうなったかというと、亡くなりましたね。橋本さんも日本独自という考えを持ってらしたんですけど、今はもういらっしゃらない。

例えば面白いのは、安倍元総理大臣。いろんな流れがありますけれども、彼は安倍晴明の生誕日に、日本の総理大臣になっているんです。同じ安倍つながりがありますね。ですから、2007年は選挙もありましたけれども、国のかたち、国家の品格、皆さんの国に対する思いというものが、しっかり明確に現れてくる時ではないかなと（総理を辞職してもこれからです）。

2006年は、日本は地震、台風が少なかったんですね。なぜ地震が少なかったかというと、**謎の風水師軍団が日本を守護していたからです。**自然災害も来なかった。日本にちゃんと、結界張ってたからね。

2007年は日本の神気、龍脈のエネルギーが高まりましたから、自然浄化が強かったですね。地球人類の感情毒素も、かなり浄化されたようです。

ですから2007年は、皆さんのビジョンというものが、いいも悪いもかたちとしてはっきり出てくる年でした。これで間違っちゃうと、2008年はもうどうしようもないよという、そういう年だと思います（でもご安心あれ）。

中丸先生は今後についてどうお考えでしょうか？

中丸：不思議な事に、先ほど白峰先生も、私がここのところ非常に興味、関心を持っている古代ユダヤの人たちの事を話されていましたね。12部族とか、10部族の人たちがいったいどこへ行ったのだろうというのは、長い間、世界でも言われている事です。

大きく3回ぐらいの波、小さいのも入れると7回ぐらいの波があって、古代ユダヤの人たちがシルクロードを通って中国へ行ったようです。秦の始皇帝も古代ユダヤの人でしょう。日本にはやはり紀元前から入ってきていて、それは旧約聖書の時代の方たちですよね。そういう方たちが中国を通り、朝鮮半島を通り、日本に入ってきている。

旧約聖書の時代ですから、祈りの場にはやっぱり羊とか牛とかのいけにえを捧げて、血を祭壇に塗るとか、そんな儀式をしていたと思います。

ちょうど昨日の朝、ある番組に同和の人たちが出て、同和問題を語っていました。私が１９７６年にインスピレーションを受けた時にわかったのは、やがて古代ユダヤの人と日本が手を取り合った時、本当に日本がよみがえってくるという事でした。

キリストが生まれてからの古代ユダヤの人たち、ユダヤ人であるけれどもクリスチャンであり、キリストを信じた人たちは、今度は景教徒として中国を通って日本に来たようです。

古事記、日本書紀の時代に、初めて日本という言葉、天皇という言葉が出てきました。同じ古代ユダヤ人であるにもかかわらず、何かこう迫害するというか、押し込めるという動きがあったようです。

ですから、同和の人たちというのは、本来は古代ユダヤの人たちなんだという事が、すごくよく分かりました。そして、松尾大社とか、上賀茂・下鴨、太秦とか、京都のあの辺に行くと、みんな秦氏なんですね。そうすると源氏とか平家もそうだし、**徳川家康とか、信長、秀吉も、やっぱりみんな古代ユダヤの人たち、秦氏の系統なんですね。**

この間、鹿島で講演した後、ここまで来たら二荒山（ふたらさん）神社に行ってみたいなと思ったら、ちゃんとＵＦＯが先導してくれましたので、これは行かなくちゃいけないと思って行きました。二荒山神社に立ってみると、そこも、もと秦氏がいた村なんです。でも、後から来た人たちに追われて、ずっと逃げていった先で暮らしているのが、アイヌの人たちなんですね。アイヌの人と九州の人たちは、近い顔立ちをしています。

それだけじゃないんですね。まだ言ってはいけないのかもしれない。宇宙から

ちょっと早すぎるから、それは本当は発表してはいけないって言われているんですが。三井、三菱、住友、ああいう財閥の元も、全部秦氏なんですね。蚕ノ社などに行くと、普通の神道の鳥居ではなくて、三柱というようなものが立っているんですね。それは、景教徒の人たちが立てた名残、キリストのいう三位一体ですね。聖徳太子も渡来人で、秦一族です。

松阪市に、三井の発祥地があるんですね。昔、東南アジアのほうから、海を渡って来て入る港、そこが松阪なんですね。港があって、そして三井家の発祥地があって、そこでも調べました。三井の歴史をよく調べていた人が、私に語ってくれたましたが、「あの京都にある、蚕ノ社の三柱にしても他のものにしても、三井家がつくったんです」という事なんですね。

ですから、三井のもともとは、秦氏、古代ユダヤの人たち。でも、まったく出ていないんです。三井の歴史、社史や会社の経歴にもない。でも、住友もそうだし、三菱もそうなんです。つまり、そういう事が封印されている世界なんですね。竹内文書の時代、本に書いてありますが、多少名前で違ったところはあっても、大まかにいうと合っていると思うんです。日本から世界に出ていって、ある時期、古代ユダヤの人たちも帰ってきて。

それから、神道の神社のかたちは、古代ユダヤの神殿とそっくりなんです。奥宮があって……。古代ユダヤ人のというか、日本からもそういうものが世界に伝わって、それがまた戻ってきて、というかたちなんです。

ですから、そのへんの封印が全部解かれてきた時に、本当の日本列島の力がよみがえってくるのかなという感じがします。

先ほどのお話の中で、紫色とか京都に多い衣とかありましたね。古代ユダヤの人はシルクロードを通ってきても、東南アジアの海から来ても、まず行くところは奈良とか京都だったんですね。ですから、当時においてはものすごく国際的な都市だったといえます。京都の町でも、秦氏そのものが財力的にも力があった。酒づくりもするし、西陣織の元もつくっているし、それに米どころもつくった。こうなると、ものすごい財力を持っていたわけですね。**日本の神社仏閣、稲荷神社はじめ全国的に、お寺や神社の主だったところには、そういう力が及んでいた**

のです。

ですから、日本人は単一民族じゃないんですね。本当にいろんな人種が集まってきていました。元は日本から行ったんでしょうけれども。アトランティスよりもっと前、ムー大陸とかレムリアとか、ずっと前ですね。私が持っている天皇家の系図でも、本当のものは、神武天皇以前に何十代ってあるんですね。名前も全部書いてあります。

こうして封印されているものが順々に解かれていく中で、この5年間でどのぐらいできるか分かりませんが、本格的に全部解かれるのが、やっぱり2012年。それ以降になったら発表してもいいという感じですけれども。今日は特別な機会ですから、分かった範囲で、気が付いた範囲で、ちょっとお話しさせていただきました。

白峰：この続きをお話させてくださいね。例えば、三菱、三井、それからロックフェラーもそうですね。メルセデスのマークも3なんです。3は古代ユダヤの象徴なんですよ。そしてはっきり言って、ロスチャイルドやロックフェラーに貨幣経済を教えたのは、中国の呉の一族なんです。その呉の一族をずっと遡っていくと、実は秦の元に行っちゃうんです。だから私が暗号として「旗本退屈男」と言っているのは、古代イスラエル、私の過去世は秦氏の元だよという事。私だけでなく、日本人の23%は古代イスラエル人の末裔です。実は江戸の幕府で旗本というのは、明の朝廷の使い、帰化人の子孫が半分だったんです（徳川幕府は中国の明王朝と武田家の残党が協力した）。すべて、秦一族の繋がりでもあります。

そしてやはり、秦氏は稲荷神社を持っていますね、伏見稲荷。全国に数万社あります。じゃあ、お稲荷さんとは何か。お稲荷さんはコンなんです。昔の稲荷神社というのはコン、すなわち金を扱う場所。ここに金が集まっているから、エネルギーが高かったんですよ。イヤシロチとして、磁場ができていたわけです。

だから、日本古代の稲荷神社、今の稲荷神社じゃないですよ、今の稲荷神社に行っても、金なんて出てきませんからね、動物霊ばっかりで。本来の秦一族は、こういう金の管理者なんです（キングソロモン流日本人との結びです）。

だから、今はペーパーでしょ。紙がお金をやっているけど、昔は金本位制だったりしました。だから、**古代ユダヤの人たちが目覚めるという事は、世界で何が中心になっていくかですよね。**例えば大英帝国。中丸先生はご存じのように、イギリスには英国王立研究所とかあるんですね。歴史を塗り替えるセクションがあり、彼らは必ず王室の歴史というものを正当化するわけです。

どこの国でも、アメリカにはアメリカの歴史、イギリスにはイギリスの歴史、日本もそうです。しかし古代、ずっと遡ると、最後はみんな共通のところまで行っちゃうんですね。

ですから歴史を暴くのではなくて、正しい歴史を知るという事は、皆さんの霊の中に眠っている、古代意識がよみがえるという事。そうすると、北の問題だ、隣の問題だとかぜんぜん関係ないしね。

一つだけ言いますよ。なぜアメリカは、ここまで日本というものを欲しがるのかという事です。それは、日本は母国であり、いい女だからですよ。だからアメリカのカウボーイの父ちゃんは、この日本という彼女を手離したくないと。骨の髄までしゃぶりたいと（笑）。

つまり、それだけの魅力があるんです。日本には世界の経済を、いつでも建て替えできるぐらいの金があります。金だけじゃない、レアメタルの宝庫です。

しかし、鉄鉱石は全部、ロスチャイルドが押さえています。でもこの一族は三菱、三井に全部つながっているんです（笑）。

歴史の封印が解かれる時

中丸：そうですね、歴史でも、隠そうとするために、事実と違った事を言う。でも、なにかの機会があると、真実を知らされる。

例えば、神功皇后の話があります。よく歴史書の中でも、神功皇后が朝鮮半島を攻めようとしたとかありますが、全く逆なんですね。神功皇后は、朝鮮半島から入ってきた人で、おなかには応神天皇がいらっしゃった。応神天皇の頃というと、4世紀ぐらいですね。

その当時の人口は、５００万人ぐらいなんです。その時に秦氏一族が、４万５０００人来たというんですね。秦の始皇帝のころ、既に万里の長城を築いているぐらいですから、ものすごい技術力があったわけです。建築に関しても、それから治水事業に関しても。神社仏閣でも、あの高度な技術を持っている人たちが、お寺や神社を作ったのです。５００万の人口の時、４万５０００人が一気に入ってきたわけですから、すごかったのですね。

秦氏という名前だけでなく、いろんなかたちに名字を変えていますよね。鈴木とか菊池とか、日本の普通の名字に。そうしてそういう人たちが、全国に散らばっているわけですから。思いというか、古代に通ずる、天に通ずるようなものも全部明らかにされて、封印が全部解かれてきた時に、私たちはもっともっと世界と仲良くしながら、生き生きとした日本の力をよみがえらせるのです。

おそらく、２０１２年という時を越えて、初めて本来の姿がすべて現れてくるのでしょう。２１世紀は日本が、精神的に世界をリードしていく。そういう国として立ち上がっていく。

それを約束して今、私たちはここに生を受けて、日本列島に住んでいる。日本国籍という事だけではなくて、在日の方たちもいらっしゃいますし、いろんな国籍を持った方もいらっしゃるわけですね。

これから5年間、日本列島に住んでいる人たちが、本来持っている心の力を立ち上げていく中で、そして光のネットワークをつくっていく中で、草の根運動といいますか、意識改革をする事によって、日本は世界をリードできるような国になっていくと思います。

欧米がずっと築いてきた事、かなりうそにうそを固めてやってきた事が、音を立てて今、崩れていく時だと思うんですね。

ですから、私たちができる事は、意識改革を目指して、心の浄化を図り、平常心を持って、波の無い湖面のように静かな心でいる。そのような心でいた時に、私たちの魂の先祖、霊的な先祖という人たちが、仏教的に言うと守護霊というかたち、キリスト教的に言うと天使というかたちで、一人一人を24時間体制で見守ってくださる。

私自身、それを体験しておりますが、皆さんにおかれてもそうなんですね。ただ、肉眼で見えないし、聞こえないですからね。誰もいなくて、自分一人で一生懸命考えて、人生ここまでやってきたと、皆さん思われているかもしれませんが。本当は見えない世界から、24時間体制で見守られてきているんですね。そのご指導は、結局、波動なんです。心がいつも忙しい、忙しいって、波打っているようでは、いくら上から「ああ、そっちへ行っては危ない」とか、「そんな契約に手を出すと危ない」とか言われても通じない。

ですから、本当に心を調和させて、湖面のようにしている……。その時、小石をポトンと落としたらさざ波がバアッと立つように、いつも天と一緒に歩いているという感覚になると思うんです。これからはますます、知識だけでは生きていけない時代。直感力というものを大切にして、そして天とともに歩いていく事によって、ますます無駄な動きもなくなります。体も健康になります。本当に生き生きとしたかたちで、何の心配もなく、人間としてできる事は精いっぱいやって、しかしそれ以上の事は天にお任せする。心配は神様にしてもらう。

心配というのは、心の毒になります。心配性の人というのは、起こりもしない事をあれこれ悪いほうに考えますよね。それは、今からやめてください。人間として努力はして、あとは神様に心配をお任せするという事。絶対自力と絶対他力、この接点に平穏な生活というか、心の安らぎというものがあると思います。

アセンションに向けてのメッセージ

白峰：最後に、皆さんへのメッセージです。アセンションという言葉がありますが、これはお金があるとかないとか、権力を持っているとかいないとかではなくて、地球人類であれば等しく体験するひとつのドラマです。

アメリカの極秘文書には、この太陽系にはすべて人間型生命体がいるとありますす。この銀河系、星が億以上あるという宇宙の中で、生命形態の確認できるところは、何と7400もあるんです。ところが、その数字を全部隠している。例えば、金星は何百度の暑いところだ、人間は月には住めないなどといっていますが、太陽系の星には全部、皆さんと同じ肉体を持っている人が既に住んでいるという事です（地球でも太陽系の星でも、すべて地底で生活しています）。

だから、月に国連軍もあるという事ですね。２０１２年を過ぎて、地球がだんだんとクリスタル化して次元が上がっていきます。皆さんも、それに付いていくか、いかないかだけなんです。お金があるから、年金入るからとか、ぜんぜん関係ない。そして地下に逃げようと、どこに逃げようと、シェルターを作ろうと、ぜんぜん関係ないんです。これは約束事ですから、皆さんが参加するかしないかだけなんです（正直私自身も体験しないと分かりませんが、事実は小説より奇なる世界のはずです）。

ただ、このようにご縁がある皆さんは、やはりワンネスのナビゲーションで、創造的な進化に向かっていくのですね。

ただ、情報というものには、いいも悪いもあります。情報操作もありますしね。言葉じゃなく、皆さんのハートで感じてください。腑に落ちるような情報や、心が温まるような空間など、その命の響きというのを、ぜひ皆さんに大切にしていただきたいと思います。まだ時間がありますから、ゆっくり楽しんでください。これでゲームは終わりません。次は太陽系の新しい進化が始まります。

では、中丸先生からも、メッセージをお願いいたします。

中丸：私がずっと心に抱いている言葉が、「世界は一つ、人類の心は一つ」。一人一人が反省して、心の井戸を掘っていく時に、本当に精妙なる魂の海に到達する事ができると思うんですね。神聖なる魂の海といいましょうか。

その時、ワンネスという言葉、いろんな人類がみんな兄弟なんだ、私たちはみんなひとつなんだという感覚が分かると思います。

こんなに美しい地球、この星で、政府がゴーサインを出して、大量殺戮（さつりく）をし合う、人類が人類を殺し合うなんていうのは、とんでもない世界です。もうそろそろ、そこに終止符を打たなければいけない。それが宇宙的なイベントとして、2012年12月に、そういう時が来るんじゃないかと思えます。宇宙的な意味での禊（みそ）ぎですね。

それに合わせて、私たちが本来心の中に抱いている、高次なる人格、それをお一人お一人の手で引き出していっていただきたいのです。その高次なる人格のネットワークが、草の根運動としてこの世界を変えていく、立ち上げていく。そんなビジョンを持って、これからも一緒に励まし合っていけたらいいなと思っております。ありがとうございました。

共鳴性で集まった特別対談

中丸 薫氏　白 峰氏

横澤和也氏　瀬戸龍介氏　御代真代香氏

横澤和也氏、御代真代香氏、瀬戸龍介氏
白峰氏、中丸　薫氏

日本人らしさとはなにか

白峰：本日は中丸薫先生を囲み、特別ゲストとしまして石笛(いわぶえ)の横澤和也さん、瀬戸龍介さんという日本を代表するアーティストの先生方と、まほのば神舞の家元の御代真代香さんに、私、白峰から、世界の中の日本のあり方について、質問をいたします。

まず、日本人らしさについて。

皆さんに、日本人らしさ、日本人とはこうあるべきだというご意見をコメントしていただきたいと思います。

例えば、お仕事で海外に行かれる事もあるかと思うのですが、ああ、日本人で良かったなと感じる時があると思うんですね。

まず、アメリカに長く生活なさって、今は日本に拠点を置いて音楽活動をなさってる瀬戸さんに、例えば日本人の良さとか、徳になっている事がありましたら、お話をお願いいたします。

瀬戸：私がアメリカにいたのは20代だったのですが、東海岸をずっと、演奏旅行しました。白人社会での演奏が多かったです。ある時、トイレに入って手を洗った後に鏡に映った顔を見たら、あ、僕の顔つき、みんなと違う、と思ったんです。そこで、あ、日本人なんだなっていう自覚が湧きましたね。

日本にいると、ぜんぜんわからない。自分の所在を自分で踏んづけてて見えないような感じでしょうか。一回どいてみたら、あ、自分の足跡が見えた、みたいな。あ、自分はこんな格好してるのかと感じた事を覚えてますね。

白峰：横澤さん、いかがでしょう？

横澤：私も、音楽を表現する中で、西洋のものと日本のものとの大きな違いは感じます。**私は、日本人というのは何でもありだと思うんですね。**

白峰：何でもありというのは、ＯＫ牧場という事でしょうか？

横澤：そうです。本来は何でもありでいいと思う。表現にしても何にしても。ところが、そのなんでもありに対して、自分以外のものがきちっと枠を決めてしまうのですね。本来は何でもありでやれるのに、枠を決められてしまうという事。これは日本人全般、ほとんどの人がそうと言えるんですが、逆に枠にはめられる事によって、どこか安心している部分があるんですね。

確かに、枠というものが教育であり、いろんな側面があるんだけれど、その枠がぱっと無くなった時に、まず分かれると思うんですね。「あ、どっちに行こう、何しよう」という人と、枠が無くなってすぐに、自分の好きな方に行ける人と。日本人は、そういう民族のような気がします。これは、音楽の表現とか、アートの表現で特に感じるんですけど。

白峰：横澤さんはいつも、紋付き袴で演奏なさいますよね。それを外国の方はどのように受け止めますか（縄文人でなく、日本のサムライとして）。

横澤：私、ひとつ思うんですけれども、日本人であるという事について、表面的な事といいますか、看板としては紋付き袴というのはいいと思うんですね。

でも、私としては、日本人の音楽と言うよりも、人類の音楽という風に感じてほしいので、本当はそこも脱皮していきたいですね、おいおいは。今はまだ、私が日本人であるという事を少しは表に出さなきゃいけないという意味で、紋付き袴を主に着ております。

白峰：アメリカでそうした日本人のアイデンティティを示すというか、日本古来の楽器を演奏するというのも、やはり目に見える世界でのアピールを狙っているという事があるんですか。

横澤：もちろんありますね！

白峰：**共通性があるかも知れないですね。民族を超えた音の世界は！**

横澤：我々が外国で東洋人に話しかけられても、中国人か、日本人か、韓国人かは分かりませんもんね。カメラ持ってたら日本人とかね、着ているもので見分けがつくという事も言われますけどね。

でも、日本人であるという事を、形として表現したいという事もありますが、この数年の間にちょっと変わってきて、形とは違うところで「あなた日本人ですね」って言われる何かが、やはりあるように思えますね。

白峰：ありがとうございました。中丸先生は、国際ジャーナリストとして世界中の要人と会われていらっしゃいますが、日本人について思われる事がありましたら、お話していただきたいです。

中丸：そうですね、川端康成さんの文章を英訳なさったサイデンスティッカー先生という方がいらっしゃるのですが、私と最後に対談した後、帰り道に倒れて意識不明になって、お亡くなりになったんですね。その葬儀がつい先日あったんですけれども、私、高校時代から先生の事を知っていたんですね。お会いしてから50年近いおつきあいでした。形の上で、彼は今回はアメリカ人として生まれていますよね。でも、過去世まで遡ってみると、平安時代の山之上憶良でいらした。そして彼は今回、日本文学を学ぶ上で、樋口一葉が大好きだったんですね。そして明治の時代には、指導霊として樋口一葉を上から指導していたんです。

今生ではアメリカ人として生まれ、たまたま日本文学を専攻して学ばれましたが、大好きな樋口一葉が住んでいた湯島にマンションを買って住み着いたところなどを見ますと、やっぱり、過去世に日本人であった魂を持っていたという事が大きく影響していると思います。顔はアメリカ人であっても、日本人の心というか、すぐに解り合える感性をお持ちでしたね。先生は、古代ローマの社会批評家のキケロという過去世もおありなのですが、そのころ私もエジプト人として生まれていましたから、魂の流れという繋がりを感じます。

先生はやっぱり、感性がすごく細やかな方でした。秋になってコオロギなどの虫の音が聞こえてくると、あ、きれいだなと感じるのは、日本人の脳が独特だからだそうですね。他の人種だと雑音としてとらえて、うるさいとなってしまう。やっぱり日本人のその感性、大自然に対する畏敬の念というのは特別な気がします。歴史を遡って調べれば調べるほど、霊的な存在として魂を浄化する事でわかればわかるほど、その感覚は強まってくるんですね。

地球に降りてきた時の流れの中で、日本人としての魂がいろんな所に散って、それが外から、例えばユダヤ人も含めて日本にやってきています。秦氏一族などもそうでしょうけれどもね。

日ユ同祖論を唱える方もおりますが、私はずっとその前から、日本人は世界に出て、そしてユダヤ人も含めてまた戻ってきて……という合流があると思っています。アブラハムの子孫といわれる本当のユダヤ人と、**日本古来のそういう心を持った人達が手をつないで、きちっとこの国を立ち上げた時に、すごく大きな世界平和の輪ができるんじゃないかなと思っています。**

白峰：素晴らしいです。

森羅万象の調和――和の意識

横澤：笛をね、私がこう、吹いてますでしょ。笛を吹くという事でよく日本人が連想するのが、源義経、牛若丸ですよね。牛若丸が、鞍馬の山で笛を吹いたという事は、まあ見たわけではないし、文章にあったかも定かではないけれども、おおいにありえる事ですね。

　そして、音楽というものをそういう形で演るという事は、今の世の中では有りづらいですね。例えば今、町の中で若者がギター持ったりして、音楽をする、それとは違うんですね。演奏している前にお皿を置いて、お金を頂く、そうではない。牛若丸がなんで山の中で笛を吹いたかといいますと、例えばそこで風の音が聞こえ、虫が鳴いて、月が出ていて、すべて森羅万象の中に同じレベルで、立場で、そこにとけ込んでいたのだろうと私は思うんです。これは、人が聴いている音楽じゃないんですね。決して曲を吹いて、拍手をもらってという世界じゃないのですね。心のレベルでそのすべてのものを、平等に調和する。ここに私は、日本人らしさというのを感じますね。

だから、私が音楽の表現について思うのは、今の日本の音楽ってすごく西洋的なんですね。音をアピールして、どうですか、こうですかという。

でも、実は聴衆を含めた森羅万象、壁も、床も、柱も、すべてが調和を保つ音楽、これは神社でやる音楽もそうだし、お寺でやる音楽もそうだし、その調和というのがなにか、日本人らしさである、そんな感じがしますね。

瀬戸：横澤さんとはほら、戸隠の奥の院に行きましたよね。あそこのせせらぎに誘われて、そばで一時間ぐらい音を楽しんでいたんですね。時々風がシューシュッと、鳥の声がチュチュチュチュッて聞こえてくる。音楽やってると、すぐピアノが、ギターが、歌がなんだって思うんだけど、待てよって……。このせせらぎさんはなんと素晴らしい、数億年の間こうやってね、べつにレコード出すわけじゃない、デビューするわけじゃないんですよ。もう感動してね、思わず、このまま入っていいですかって言ったら、どうぞって言ってくださったんですよ。楽器っていったら石とか。ね？

横澤：そうそうそう。

瀬戸：だからドラムじゃないけど、石をちょっと突堤の方にぶつけると、コンコンって鳴るんだね。このリズム感、素晴らしいわけじゃない。もう感嘆してね、ああ、なんと自分の世界は狭かったんだろうって感じましたね。だから音を出す時には、神経使いますよね。この中に入っていいですかって……。

ステージだったら、入っていったらスタートですけれど、まずはこの中に入っていいのかなというそこをどう読みとるか、それはもう、感性しかないですよね。

横澤：いやー、素晴らしい。

白峰：この前も京都に行った時、ユダヤ系の外人の方がいらして、座禅してるんですね。そうしていると、音が聞こえる、そしてにおいがするというんですよ。ところが私は、あれ、においも音もしないけど……と思ったのです。しかし、その方には、香ってくる、聞こえてくるって言うんですね。日本のこの土地、建物、文化には、独特な音色があって、普段は聞こえないんだけれども、なぜか座禅したり、意識が研ぎ澄まされた時には響いてくるっていうんですね。それがいいから、京都に毎年来てるそうなんです。

例えば、**僕は温泉評論家だから、**外国の方には温泉が好きか、どこへ行きたいかを聞くんですね。ところが不思議とみんな、その前に座禅をしたいって言うんですよ。でも彼らが聞いてるのは鐘の音でもないし、町の車の音でもない。それは、自然と一体になった温泉で瞑想した時に聞こえてくる、日本独特のね、音霊っていうのがどうやらあるみたいですね。

御代さん、君はニューヨークのカーネギーホールで踊った事があるようだけれども、その時には何を感じました？　ご自身の中で侘び寂びとか、日本は素晴らしいなあと思ったりしましたか？

御代：そうですね、私があちらに持って行こうと思ったのは、やはり侘び寂びなど、そうした目に見えない世界のものですね。それで創作をさせていただきまして、日本舞踊という形ではなく、天地人の舞というのを3部で区切りまして、それを表現したんですけれども、踊ってカーネギーの良さというのがすごくわかった事があったんです。やはりあそこのホールでは、一流の方達がやってらっしゃるだけあって、すごいエネルギーが発生するんですね。踊ってる時に、別の世界からの応援が、形として表れる劇場だなという事を体感しました。

日本でも、神社とか、いろいろなところで演じさせていただいた時に、皆さんが言ってらっしゃる侘び寂び、大自然の中の豊かさに抱かれて表現する、それも自然の音に邪魔にならないような部分ですするというのが、すごく素晴らしい事だと思いますしね。日本は幸せな国、言霊の幸わう国、ほんとにそれは感じますね。四季の中にしても、宇宙のいろんな問題にしても、すべてにおいて日本の中の対立というのは、ほんとに些細な事なんですよね。外国の人種差別とか、いろんないざこざは激しいですね。ニュースを聞きましても、悲惨なものがあります。でも日本で普通に生活していると、人種差別というのは感じないぐらいですから、ああ日本人であって良かったなって思います。

白峰先生も言われるように、やはり日本人が本当の光を出して世の中を照らしていくのだと思います。大和の魂を持った人達、黄金人種が全人類の中にいますのでね、その人達が本当に黄金のように魂を輝かせられたら、きっとこの世界は一瞬で変わると思うんですよね。日本はやはりいろんな意味で今、一番幸せな国ですので、その豊かさを持ってやれればいいなと思いますね。日本人の天命、そう思います。

白峰：実は私には宗教家という肩書きがありますけれども、国際宗教者会議に出席すると、対立的な意見がありますね。お三方に共通しているのは、舞をやって、音楽をなさって、これは言葉の壁が無いんですね。音楽っていうのは、世界共通だと思うんです。喜びも、悲しみも、表現できる。

だから、これまでは宗教的なものに一つの役割があったけれども、これからの時代、ボーダーレスの時代は、**音楽とか芸術などが世の中、人々を変えていく力**

が大きくなると思うんですね。

中丸先生も、世界各国回られて、例えば言葉の違い、人種の違い、いろいろ見てこられたと思うんですね。中丸先生が日本人の代表として世界中の要人とお会いになる、しかし逆に、見えないけれども日本という後ろ盾がありますよね。個人であっても日本人である。それで会ってくれるという事もあると思うんですね。それで、先生がご自身で、あ、私は日本に生まれて良かったなと思われた事がありましたら、教えていただけますか。

国境を越えた平和を願う心

中丸：私の人生の中で、すごく大きな分岐点となったのが、1976年の霊的な体験ですね。アラビアまで引っ張り出されるような形で行き、自分の命も含めて天に委ねた時、瞑想していると光の柱や雷が周り中に落ちてきたのですが、目の前がアラビア海だったんですね。でも、怖いという感じはしませんでした。もし私に使命があるならば、神様は私を助けて下さるでしょうし、使命がないならば、私の命をどうぞ意のままになさってくださいと、すべてを天に委ねたのです。

次の瞬間、上を見た時にものすごい太い光の柱が、ズバーッと頭上に落ちてきて、串刺しにされたんです。普通ならそれで即死なんでしょうけれど、それを境に、その時は体が浮いていくような気がしました。眉間のところに、ダイアモンドの光が通って、黄金の光に照らされて……。

その体験で、輪廻転生というのは本当なんだって思えました。自分の体を通して、数千年前まで、地球のどこに生まれて、何人(なにじん)で、名前は何で、という事を全部思い出して、その時の言葉もいつでも入っている。そういった体験をしましたから、**光そのものである宇宙創造神の光の一部分を分御霊として、良心の輝きとして誰でも持っているという事が確信できたのです。イデオロギーとか宗教を乗り越えて、すべての人が誰でも神の子なんだという事。**

これを本当に深く感じ取らせていただいたと同時に、人間って死なないんだって分かりました。永遠の生命、輪廻転生という横の絆、このクロスされた部分こそが命の大十字として、私たちの心の中にスパッと入った時に、これからのどんな激動期でも、それをアンテナとして、羅針盤として生きていけるのですね。

その体験の後、再びヨルダンのフセイン国王をはじめ、いろんな方とお会いしました。フセイン国王なんか、私に最初会った時と、そういう体験をした後会った時との、精妙な波動の違いを感じられるんですね、ああいう方は。何か霊的な体験をなさったんですかと聞かれたのですが、個人的な事だから、お話すべきかどうか……と躊躇していたのです。すると、フセイン国王の方から、普通はあなたが到着する時に侍従長がいつも言ってくれるんだけど、今回は、今日まで誰も言ってくれなかった、でも、もしかしてニューヨークから、四日前の夕方5時頃着かなかったですかって言うんですね。どうして分かったのですかと言ったら、そろそろプリンセス薫が着く頃だなと思ったら、あなたの写真がバッと目の前に出てきて、そう感じたって言うんです。まさにこれは、心の世界を語ってるわけですね。それで、私も霊的な体験の事をお話しました。

そしたらもう、本当にすっと、**あらゆる宗教の違い、国家の違いなど、全部が**

なくなっていきました。本当にご縁のある人というのは、こうやって自然に出会っていくし、そういう霊的な事をもっと聞きたがるんですね。それで、その侍従長も来た時に、フセイン国王は前にロシアのピーター大帝だったのよって言ったのです。すごく大きかったんですよ、ピーター大帝って。侍従長にも、その時もあなた、そばにいたのよって伝えました。国王も嬉しそうにしていらして。今生では、すごく小さく生まれてらっしゃるでしょ。それに、あんなに小さな国に生まれて、あんな難しい立場で……。

それぞれの、私が日本人とか、彼がヨルダンの国王とかいう事を離れて、ともに同志のように、世界平和の事を考えています。その時ちょうど、エジプトのサダトさんとイスラエルのベギンさん、アメリカのカーターさんの三人がキャンプ・デービッドで話していたんですが、フセイン国王は自分は一生懸命世界平和を考えているのに、理解されなくて悲しいという事を言われたんですよ。二人の時ね。そこで、この中東問題というのは、パレスチナの事と、イスラム教やキリスト教の寺院などが全部集まっている事、そこが問題なんだから、あなたがきちっと立ち上がらないと解決しない問題があるので、すぐにでもパレスチナ人と深い絆を結ぶ事と、サウジアラビアのプリンスのファハドさんと親しくなる事ですよ、と助言しました。貴方の方が長く国王をしてらしてプライドがあるかもしれないけれど、ファハドさんは国家政策にも明るく、今後大切な人になりますから、世界平和のためにはプライドなんかいりません、会いに行かれたら、とも言いました。

すると、次の日に侍従長が会いにいらして、プリンセス薫、ありがとうございます。国王がすごく元気になられまして、昨日もうパレスチナに連絡しました、と言われたのです。その二週間後にはファハド皇太子に会いに行く事になったそうです。

それから中東もかなり落ち着き、彼は亡くなるまで日本が大好きでした。最後はクリントンさんとユダヤのアラファトさんとフセイン国王が、手を携えているのがテレビに映されていました。やっぱり、彼が出て行かないとそういう風にはならなかったでしょう。最後までそういう事をしていたのを見ると、彼は、やっぱり日本からの使者が来てくれて、助言をされたと受け取られていたようですね。

私の場合、肩書きも持っていませんから世界の一市民として、平和を願うものとして、何でも言えるわけですよ。相手が国王であろうと、大統領であろうと、思った事をね。それが、私のように生きている者としてはありがたいなと思うんです。今生、これからがいよいよ本番かななんて（笑）。

白峰：ありがとうございます。じゃあ瀬戸さん、横澤さんにうかがいますが、たまにすごく日本びいきの外国人がいますが、どうして日本をそこまで愛してるのかと、感じた事はございますか？

瀬戸：今、中丸先生がおっしゃった中でね、魂の歴史ってあるじゃないですか。たまたま私が日本人だから言いにくくはありますが、世界でも、日本というのは霊的にまさに中心であると思います。今生は望んで来てるから、生まれたくてしょうがなかったという事はあると思うんですよね。外国人の魂で、日本人の体に入ってきちゃった人はたくさんいて、日本人の魂が外国に行っている事もあり、そういう風にしなきゃいけないと思ってらっしゃる外国人もいるんじゃないですか。なんであなたが京都にこんなにも詳しいんだっていう人、いるじゃないですか。そういう方は、以前は日本人だったと思うんですね。

白峰：笑い話になりますけれども、日本では忍者っていますでしょ。

日本に世界で通用する、忍者頭領で有名な先生がいらっしゃいます。私も親交がある、初見先生という方なんですが、お弟子さんが世界におよそ17万人いるんです。そのうち、日本人は3千人くらい、あとは全部外国人なんです。彼らは、過去世で忍者の修行をしていたり、過去世で侍だった人です。そしてね、日本人より礼儀正しい。挨拶とかね。そういう人達は、なんの仕事をしているかというと、中丸先生、世界中の情報機関なんです（笑）。

一同：へえーっ。

白峰：モサド、CIA、KGB、SIS、その人達の持つポリシーは、サムライ精神です。何を学んでいるのかといえば、武道じゃなくて忍者の技で、それで国を守っている。日本の技術、それも、日本の古い忍者の技なんて、知ってる人いないじゃないですか。そういったものを学んで、世界中から一流の情報部員が、日本の忍者マスターに教わりにきているんです。それで、帰りはありがとうございますと丁寧に挨拶して帰るんです。これも、不思議なもんだなぁと私はつくづく感じました。

横澤：私も、いろんな所に行きます。私は石笛という自然の石でできた笛を吹くんですね。ドレミの世界じゃないんです。面白いもので、いろんなところでいろんな人の反応があるんです。

実は、私もカーネギーホールで演奏した事があるんですよ。その時にアナウンサーが、彼の石笛というのは日本古来のものだと紹介してから演奏したんです。その後、取材をしていた記者が何人か、私の楽屋に来ましてね。おまえの言ってる事は違うっていうんですね。通訳を介して、どういう事ですかって言ったら、**おまえの言ってるような、日本古来じゃない、人類古来って言い直せって言うんです。**

古い音楽、伝統音楽、これは中国にもありますよね。アメリカにも、古い、自分たちの国民性を表現する音楽があるけれども、さっき中丸先生がおっしゃったように、その奥の奥の奥へ行くと、根は繋がってるんですね。それで表面に出ているのは、日本では琴とか、尺八とか、ヨーロッパだったらピアノとか、ハープとか、この曲は中国っぽいなとかアラビアっぽいなとか、いろいろあるけれども、結局ね、音というのはそんなものじゃない。奥の音、音楽ってあるんですね。私が石笛を吹きますとね、中国人はまず立ち上がって、拍手するんですよ。いろんな国の人達がいろんな反応をします。

3年前、有名な音楽会があってキューバへ行き、石笛を演奏しました。そしたら、いろんな学生達がいる中で教授が私のところへ来まして、その音楽は日本でもやってるんですかって言うんです。どういう事かと聞いたら、キューバでも霊的な音楽をやってるという事なんです。キューバって、あのラテンのリズムとか、サルサとか、そんなものばっかりかと思ったら違うんですね。霊的なものをやっていて、私たちが研究しているものと一緒だって言ってましたね。

いろんな国に行って、やっぱりロシアはこうだとか、イタリアはカンツォーネだとか言うけれども、実は奥には繋がりがありますね。だから私は、日本人とか、何人(なにじん)というカテゴリーはこれから無くなってね、それが分かる人か、分からない人かというカテゴリーができてくるような感じがしていますね。

宇宙存在とのコンタクト

白峰：いま、音について話していただきましたけど、「未知との遭遇」っていう映画がありましたよね。その中で、**宇宙人とコンタクトする時には、言葉じゃないんですよ。音でコンタクトするんですよ。**

言葉は限定されていますけど、音、音霊っていうのは宇宙共通なんです。だから、これから世の中が変わっていく、例えば、宇宙人と交信するという時に、やっぱり音の役割っていうのは、すごく重要だと思うんですよ。

中丸先生、今、世間では宇宙人はいるとかいないとか、未亡人の方が多いとか言われてますけど（笑）。宇宙人はいるかいないか、いるならどうしてそう思われたかを、先生なりにお話いただけますか。

中丸：さっきお話しましたように、１９７６年に霊的な体験をしました時に、二十一世紀は日本から、人間を通しての世界平和の運動が始まるんだって事がはっきりわかりましたからね。当時は、国王とか大統領とか、かたっぱしから会うようなテレビ番組も持っていましたし、雑誌も、男性誌、女性誌の連載があり、本も出すという、マスコミの仕事をたくさんしていたんですね。海外から日本へ帰ってくれば、多い時は一日５回の講演なんていう、とんでもない忙しい生活をしていました。

でも、その１９７６年の体験の後、**心の浄化に努める事にしました。やがて宇宙とも交信できたり、あの世とも交信できたり……。そういう心の浄化にともなって、自分からマスコミを退いたんです。**

それからは、ずっと心の浄化に努めていたんですが、そのお陰で、ある時人を救う事ができたんです。悪霊に憑依されて困っている人がいらしたので、その人に光を入れていったんです。今にも死にそうな男性でした。世界的に有名な電気会社の、技術課長をなさってた方だったんですが、家族も困って、私に頼みに来たんです。

その悪霊が、光によって苦しくなって、飛び出してきたんですね。するとその男性は、今にも死にそうなお顔で、目も生気がなくてとろっとした感じだったのが、チークもポーッとピンク色になってきて、目も輝いてきました。

出てきた悪霊は女性だったんですが、どうして憑依していたんですかって聞いたら、350 0年前、モーゼの行進の時に、私は彼の奥さんとして子どももいて一緒に歩いていたのに、自分の上司の女性が、私を押しのけるように彼をとっちゃった、その時からずっと彼に憎しみを持っていて、今回、日本人として生まれてきたから憑いていたと言うのです。それじゃあ、今日にも引きずり下ろして殺そうとしていたのねって言ったら、「そうです」って答えるのね。その時の上司の女性が、今の奥さんだと言うんですよ。

でも、暗い世界にいてもしょうがないでしょ、どうしてほしいのって言ったら、彼に、一言でもいいから謝ってほしいって言うんです。彼は理科系の人ですからね、神も信じない、輪廻転生もまるで信じない人だったんです。でもしょうがないので、そのままの事を伝えたんですよ。そしたら彼が、ごめんなさいって言って。それでその女性に、もう暗い所にいてもしょうがないから、あの光の世界に戻りたいでしょって聞いたら、「え？　そんな事ができるんですか」って答えたんです。モーゼの時代って言ってたから、モーゼ様をお呼びして、天使達もお呼びして、光の世界に戻してくださいってお願いしました。それで女性に、ぱーっと手を挙げてごらん、と言うと、ふわぁーっとした感じになり、ああ光が……って、すごく感動して光の世界に入っていったんです。

その時に、クウェンティンさんていう宇宙連合の人がＵＦＯから、「あ、やっと用意ができましたね。これからはあなたが、地球のどんなところに行っても、上からずっとお守りしていきますからね」って言ってくれました。そして、カナダで会いましょうって言われたんです。

そのすぐ後、東京に、プリンス・アルフレッドというリヒテンシュタインのプリンスが、奥様のプリンセス・ラファエルといらして、今度カナダで国際会議がありますから、ぜひ一緒に行きましょうって言われたんです。もう、渡りに舟で、もちろん行きますって言いました。

カナダでは、人目のない静かな湖のようなところで遭遇があったんですね。それからというもの、もう全部、私の事を上から見てるみたい。家の中で起こった事まで言うんですから、びっくりしちゃう。姿を見せる事もできるんだけど、ものすごいエネルギーが必要なんですって。だから、テレパシーでふっと来て、後は匂い……、香りで「あ、いらしてるな」と思うと、「そうです」っていう感じです。

心を浄化して、浄化していったら、そういう宇宙の存在ともコミュニケーションできるし、あの世ともできるんですね。今は三次元ですが、四次元以降の世界ともそうです。それで今、地底にも人が住んでいるって分かったんですが、そこともコミュニケーションできるし。

だから、信じてます。宇宙人の存在を。

白峰：素晴らしい。御代さん、君は宇宙とか、そういう見えない世界を感じた事が今までありますか？

御代：はい、それはけっこうありますね。アメリカにシャスタというところがありますよね？

中丸：シャスタ山ですね。

御代：ええ。あちらの方から最近、コンタクトがありました。その前に、シャンバラの方でもコンタクトがありましたが、シャスタの方から呼ばれたんです。でも、私もなかなか外国までは行けないので、もうあっちから来てもらうしかないと思ったんですね。それでとりあえず、あちらから来ていただきまして、あるご神事をしましたら、もうそこがシャスタの地底と同じくらいのエネルギーに変わってしまったんです。

ですから、宇宙人についてはやはり信じますし、地底人も信じますしね。私は時々体調が悪くなるんですが、神様とかそういった存在は、私が死にかけないと来ないんですよ（笑）。悪い時には、来て手当をしてくれるんです。体に手を当ててくれたり……。後は、宇宙関係の攻撃があった時は、やはり神仏界でもちょっと間に合いませんので、宇宙の存在がジェル状のものを飲ませてくださって、それで生き返ったりね、そういうサポートは常に感じております。

白峰：では、お二人はどうですか？　今まで例えば、宇宙関連都市とか、宇宙人とか、見えない存在を感じる時はありましたか？

瀬戸：私の場合はね、ちょうど娘が生まれてまだ二ヶ月ぐらいの時です。今から26年前ですけれども、高尾山の奥に住んでいました。

ある時、娘が泣いたんですよ。泣かなくていいよって二階であやしながら、ふっと外を見たら、山の上に何か銀色のものがあるんですよ。四月の昼間だったんですが、葉っぱが全部落ちている木の裏にこう……なにかがあったんですね。始めは風船が引っかかってるんだと思ったんですけれど、ひゅっとなにかが出たんですよ。風船がはずれたのかな、と思っていると、ふーっと動き出しました。あ、風船だ、風船だと思ったら、すーっと谷間に降りていったんです。あ、ガスが無くなったんだと思っていたら、今度はふーっと上がっていってね、予想外の動きをしたんですよ。はっ、もしかしてあれは……と思った時に、プルプルプルって電話が鳴ったんで、ちょっと今取り込んでるから後にして、今、宇宙人が来てるからって言ったら、木の陰にフッて隠れたんですよ。きっとまた出てくると思って、もう、階段を転げ落ちるように降りて、カメラを持ってきました。そうしたら、まん丸い形のものが、真上から来てたんです。

白峰：へぇーっ。

瀬戸：それで、その頃僕は、放送をやってたんですよね。でも、本当の事を言うとみんなクビになっちゃうんです。「なんでおまえそういう事言うんだ」って言われて、それでバッサバッサ切られていってたんですね。

じゃあ僕はもう、この星には用はないのかもしれないと思ったんです。それで、本当の事言って生きられないんだったら、もう生きていかなくたっていいよって言っちゃったんですよ。そしたら、宇宙人が来てくれて、はっきり覚えてます、あなたは、**百万人の人から信じられないって言われたとしても、自分の事を信じなさいって。**

白峰：それは、百万円じゃないですね（笑）。百万人ですね！

瀬戸：ははは。それでね、ひとりぼっちではないから困らないように、いつでも一緒にいますからって言われたのを覚えてますよ。２６年前です。それが最初ですね、こういう遭遇は。それ以降はいろいろありましたけど。

白峰：最近はございますか？

瀬戸：つい二週間ぐらい前、富士山でちょうど横澤さんの車の前を走ってたんですね。すると、僕の友達から電話がかかってきて、３６９、ミロクのナンバーの車が走ってるっていうんです。うちのナンバーも３６９、ミロクなんですよ。だから、すごいすごい、そういう車もいるんだって言ってたんです。そして空を見てたらすごい龍がいて、富士山も見えるし、きれいなすごくいい写真が撮れたんですよ。

中丸：見たいですねえ。

（オバケや妖怪が撮れたかも？）

瀬戸：じゃあ、お送りしますね。それが、二週間ぐらい前です。

白峰：横澤さんは、宇宙を身近に感じたり、宇宙人がいると確信したのは？

横澤：実はね、宇宙人も、地球人も、魂は一緒だと思ってるんですよ。ある意味ではね。私は正直言って、皆さんのように間近にっていう感覚は無いんだけれども、ただ、そのUFOというものの実体については、あれがそうなんだろうと思った事は数回あります。その一回目はそれこそ、高山のなんとか牧場……。

白峰：OK牧場？

横澤：じゃないんです（笑）。飛騨高山の山の上の牧場で、ちょっと大きなイベントをやってたんですね。もう今亡くなっちゃいましたけど、宮下さんという方と私と二人でステージに立ってたんですね。満月が背景になっていました。その時にね、宮下さんがふっと指さすんです、演奏しながら。見てみたら、ぽん、ぽん、ぽん、て、見えたんですよ。光るものがね。あ、星だと思ったんですが、そしたらそれが、ぷーって動いたんです。

中丸：その動きで、違うよって説明してるんですよ。

横澤：そうそう、あれっと思っているとまた、ぷーっと動くんですよ。演奏中の話ですからね、もちろん私だけじゃない、宮下さんも見てるし周りの人もみんな見てました。

それが一回と、私は天河神社で8年間ずっと、音楽をやったり、神楽をしたりしていたんです。そのなかで、やっぱりみんなであぁーっ……ていうのが、何度かありましたけどね。でも、私は基本的に、宇宙人も、日本人も、中国人も、アメリカ人も、全部一緒だなぁと。

（未亡人はちょっと違うと思いますが）。

白峰：今まで、神社仏閣で音楽を奉納なさってますよね。その中で、神社の宮司さんとか、お寺の住職さんでけっこう有名な方ともお会いになると思うんですけれど、そういう方々は本音の部分で、宇宙存在などは信じてらっしゃいましたか？

横澤：天河神社の宮司は信じてると思うんですけど……。

中丸：あの方は、太鼓など演奏されますよね。

横澤：それはもうすごいですね。私には、音楽の師匠はいろいろいますけれども、天河神社の柿坂神酒之祐宮司にも、いろんな事を教えてもらいましたね。

白峰：瀬戸さんはアメリカにいらっしゃったそうですが、宇宙人情報については、アメリカはメッカですよね。それで、ミュージシャンの方は意外と宇宙と繋がっているっていうのは本当？

瀬戸：そうですね。

白峰：いろんな話を聞いたと思いますが、その中でおもしろい話はありましたか？

瀬戸：ミュージシャンといってもあんまり知りませんが、凝ってる人とか、会っちゃったっていう人は、きっといると思いますね。あのイーグルスのドン・ヘンリーの歌にもありますね。宇宙人はもう来ない、あきれかえってるからっていう歌ですけれど。だからもしかして、知ってるのかなって思います。

横澤：あきれかえってるって？（笑）

瀬戸：あはは。

白峰：**中丸先生、外国の要人に会われた中で、宇宙人を確信しているという方と、お会いになった事はございますか？　政府関係だけではなく、個人的にそういう方とお会いになった事はございますでしょうか？**

中丸：**ええ、例えばイギリスのオックスフォード大学を出た方とか、私の外国の**

お友達の中でも宇宙人を信じてるっていう方、けっこういますね。ただ、国王とか大統領とか、そういう方達と宇宙人の話はあまり……（笑）。

一同：（笑）

中丸：した事ないから分からないですけど。例えばスピルバーグは、輪廻転生までは信じないにしても、テレパシーとか信じてるみたいですよ。お母さんの事をちょっと考えると、お母さんから電話がかかってくるとか言ってましたね。あと「未知との遭遇」なども、ああした円盤一つ作るにも、二十億くらいかかるでしょ。まだ大作を制作した事がなかったのに、あれだけのものを作るのにかなり勇気がいったと思うんだけど、どういうふうに企画しましたかって聞いたんです。すると、頭を空にするっていう事だと思うんだけど、自分がシャワーを浴びてる時、特に頭を洗ってる時には、あまりいろいろ考えないじゃないですか、その時に、アイディアが湧いてくるそうですよ。心の中で、いろいろ湧いてくるんだって。それを、頭洗ってからメモして、その通りにやるとうまくいくんだって言っていました。

一同：ほーっ、すごい。

中丸：それで、2、3作そういう作品に当たって、ずいぶん生意気になってね、ってご自分で言うんですよ。記者会見して、これから2年間どういうものを作りますかとか聞かれて、頭で考えたものを、こういう風に、ああいう風にと言ったけど、全部はずれました、だから、頭を空にしてやらないとって。

つまり、彼は心の世界を語ってるんですよ。それと、学生の時は、授業中に先生が何か言ってるんだけど、ぼーっと窓の外を眺めて白昼夢を見ているみたいなね、そんな学生だったから、成績はあんまり良くなかったとか。いろんな思索的な事を言ってましたね。

白峰：おもしろいですねぇ、それは。

一期一会の芸術

中丸：インスピレーションによってなにかをやると、芸術もすごくいいものができる。これはたいへんに参考になると思います。

横澤：本当にね。人間の技で作れるものと作れないものってあるじゃないですか。だけど、自然に出てくるものってありますよね。私なんかはほとんど即興の演奏なんだけどね、最初の一つの音があって、次この音行けってね、一つの音がちゃんとメッセージをくれるの。そうやって全部、音楽ができるんですね。

中丸：それが売れたのね。

横澤：そうそう。そのかわり、二度、同じ事やれって言われても難しいですけど。

中丸：即興ですね。

横澤：そうなんです。だから私は、音楽っていうのは本当は、再現性が無くてもいいと思うんです。今のこの会話もそうですが、CDも作ったりしないといけないし、私も作ったりもするけど、この再現性というのは、私は人間の甘えだと思うのね。本当は、会話でも全部そうだと思うんですね。その瞬間、瞬間が大切。

中丸：その作品の命ですね。

横澤：そうです、そうです。

中丸：「ここ」で、一つの磁場がありますしね。

白峰：今おっしゃいました再現性ですけどね、**例えば今の医学と科学というのは、再現性と客観性で成り立ってます。**一方、スピリチュアルなものっていうのは、再現性が無くてもいい、客観性が無くてもいい。神事はすべて、一回限りなんです。同じ事はできないんです。曲にしても、同じ演奏をしても違うんです。だから、日本の昔のものは、芸術にしても、音楽にしても、それが有名な作品であっても、同じものっていうのはないんだと、全部インスピレーションで上からおろされたものじゃないかと思うんですね。

横澤：ある人が、意地悪で言うんですね。いい曲だったね、さっきは。同じやつをもう一回演奏してくれって。私は一休さんのとんちじゃないけど、それだったら同じ人を集めて、同じ環境、同じ状態にしたらきっとできますよって言うんですよ。

瀬戸：いい答えだな、それ。

横澤：いや、あり得ないですけどね。そういう音楽ってすごく大事だし、そういうものをずっと大事にしていきたいと思って、笛を吹くんですけど。

白峰：まさに、ナンバーワンじゃなくてオンリーワンですよね。

じゃあ皆さん、最後になりますけれども、これから日本の将来に向けて、ワンポイントアドバイスをお願いします。

横澤：一番最初に申しましたように、何でもありだと思うんですね。何でもありという事をちゃんと理解した上で、見えない法則があるんです。それを感じていったらいいんじゃないかなと思いますね。

白峰：見えない法則を感じて？

横澤：法則っていうと、縛りになっちゃうかもしれませんけれどもね。

それと、中丸先生がおっしゃったように、カテゴリー、これはこうだ、ああだっていうのを決めつけないで、ぜんぶボーダレスにするしかないんじゃないかな。それと、宇宙人も、地球人も、虫も、動物も全部、最後には何を望んでるかですよ。富とか、権力とか、人間の世界ではいろいろとあるでしょう。だけど、魂として最後に何を望んでるの？っていうところをもう一回、確認しないと。宇宙人は望まないけど、地球人は望んでる、それじゃダメなんです。動物は望んでるけど、人間は望んでない、それもダメなんです。全部の魂が何を望んでるかって事を考えたらいいかなと思っております。

白峰：それがすなわち、命の響きってやつですね。すべてに共鳴する。

横澤：そうですね。命の響きで私が今思うのは、地上には60億人の人たちが住んでますよね、その魂が。音楽的にお話しすれば、それぞれの人達がそれぞれの歌を持っている。僕はそれを称して、「風の歌」って言ってるんですけれども。その「風の歌」、君にいつもささやいてくれている歌を、みんな忙しすぎて聞いていない。もう少し、自分自身の歌が、どんなエネルギーでどんな音なのかっていうのを皆さんが聞かれた時に、初めて自分の命が輝いてきて、自分自分が見えてくる。その時に初めてオンリーワンのあなたがいるっていう事が分かる。それを僕たち日本が型として、みんなでそれができてきたら、あっという間にすごい変革が来ると思います。

白峰：言葉で表現したら、命輝くですね。

瀬戸：そうですね。誰でもない、あなた自身が素敵っていう。

白峰：そういう歌作ってよ（笑）。

瀬戸：作ってますよ（笑）。

白峰：命の響きもいいですけれども、**今の日本は命のいびきもないですね。**じゃあ御代さん、これからの日本にワンポイントアドバイス。日本の未来についてお願いします。

日本人の未来は「中今」に生きる事にある

御代：こういった、いろんないいお話やいい本などがあると思うんですけど、それらを聞いたり読んだりして頭で考えてるだけではなくて、それを糧として、常に暗い顔をしないでいるという事が、やはり一番身近でできる事だと思うんです。いつでも明るくいるという事が一番、日常生活で大切な事じゃないかと。

知識を得ても、いい事を学んでも、暗い憂鬱な顔で人に接してたら、意味がないと思うんです。ですから、皆さんに一番やっていただきたいのは、得たものを消化しながら、一つずつでいいですから、最初のステップとして、家族の間で笑顔でね、明るくいる事。明るさを周りの人達に響かせていただきたいと思っています。

白峰：はい、ありがとうございます。私から日本人の未来について、皆さんに対するメッセージは、「中今（ナカイマ）」っていう言葉なんですね。**これは神道の言葉で、今この瞬間、瞬間を精一杯生きる、過去・現在・未来にとらわれず、それこそこの瞬間、命の響きを大切にするという事です。**

例えば最近は、「命懸けで」というような言葉は無くなりましたよね。だから、国のため、自分のため、何でもいいんです。彼女のためでもね。自分の情熱を燃やして、精一杯生きるっていう事ですね。これからの若い人に期待します。

そして、世の中はこれから変わっていきます。ボーダーレスよりも、どうやら今は携帯電話でワイヤレスの時代になりましたけれども（笑）。オヤジギャグは置いておいて、**私は明治維新の次は、地球維新だと思っているんです。**

これから宇宙、さっき言った宇宙人ですね、それからそういう見えない世界の方々、神仏も含め、自然も含め、そういったところが引き金になるんじゃないかなと。だからそういうところと未知との遭遇をした場合には、皆さん恐れないで、良い意味で受け取めてほしいなと思います。

では、最後に中丸先生からどうぞ。

中丸：政治とか経済とか、国際政治の立場から言えば、聖徳太子の時代、当時の中国はすごい大国でしたよね。今にも日本が属国にされそうな中、聖徳太子が日出ずる国から日没する国へという親書を出して、そこで初めて日本という国の立場を確立しましたよね。

今の日本は、アメリカという大国に全く隷属しちゃって、植民地以下みたいな状態にされてます。政治家ももう、ぐったりしちゃってますよね。

その意識を、あの頃の聖徳太子が親書をしたためたぐらいの気持ちで、政治家も国民も立ち上げてほしいと思います。日本自身のアイデンティティのために、21世紀こそは、特に2012年12月23日を超えた時に、やはり日本が精神的に世界をリードしていく、そういう時代に入ると思う。

やっぱりフォトンベルトの事がありますし、この5年間がたいへんな激動期ですね。宇宙エネルギーの本質、神の本質は光であると思います。その光の一部分、愛のエネルギーの一部分を、良心の輝きとしてみんな持ってるわけですから。それが魂の奥にあって、仏教的に言うと仏性というか、キリスト教的に言うと神性の輝きというか、そうしたものをきちんとみんな持っているのです。人間の本質って、あの世に帰る時はそれだけじゃないですか。魂しか持ち帰れない。権力でも、ましてお金でもありませんから。

だから、人類の一人ひとりが私は愛、私は光、という意識を持って、立ち上げていくものだと思うんです。

白峰：皆さん、熱いメッセージをありがとうございました。

◎「オフレコ」対談◎
アメリカと日本の今後の関係

白峰：世界でも今、いろいろあるんですけど難しいですよ。ほんとの意志は隠してたりね。

米軍基地、横田や本部が日本にあるでしょ。あれは、分からない人は占領されたと思うわけですが、実は日本を守るために、最強の軍備でやっているんですね。アメリカの第7艦隊、世界最強と言われたそれを、沖縄に置いてるんです。だから、どれだけ日本を大切にしてるかっていう事ですよ。よっぽどじゃないと、あっちへ行かない。日本は不安定な所じゃないけれども、中東よりもアジアの日本、台湾……。やはり日本というのが、一番重要だという事なんです。

瀬戸：それはすなわち、ただの資金源なんでしょ？

白峰：それだけじゃなくて、裏があってね、日本人の血は一滴も流さないように、申し訳ないけどもアメリカさんにカウボーイやってもらう、で、日本はあくまでも自衛隊で中だけ守る、そういう密約が戦後にあったんです。その代わり、お金はいくらでも出す。でも、いくらでも出すって言っちゃったもんだから、いくらでも使われちゃって（笑）。

中丸：憲法改正してまで、第9条変える必要ないじゃないですか。

白峰：そうなんですよ。

横澤：人にものを頼む時はそうじゃないですか。嫌な事をやってもらおうと思ったら、これだけ払うからどうだって話ですよね。でも怖いもので、例えば犬を手なずけようとする時、食欲のある犬だったらいくらでも芸を覚えるんですよ。ところが、食欲のない犬に覚えさせるのは難しい。それと一緒でね、お金に貪欲であれば何をさせるのも簡単。ところが、僕らはいらないよって言われちゃうと……。

白峰：一番使いづらいですね。

中丸：でも、アメリカは欲しいから。

白峰：今のところね。

一同：（笑）

横澤：もし、そうじゃないっていう価値観が、アメリカに植え付けられたとしたらどうなんでしょう。

白峰：アメリカの国の成り立ち自体が、日本的なものではない、西洋なんですよ。コンピューター社会も0と1、イエスかノーか、分かりやすいんですよ。それで成り立った国だから、国の基盤というものはそれでしか動かない。国霊（くにたま）って国のエネルギー、魂なんですよね。

日本の場合、和の文化でできていますから、国の成り立ちが違うんです。

イギリスは植民地支配で、大英帝国を作った。だから、イギリスの方がもっと虎視眈々ですよ。ただ、それを自分たちがやりたくないからアメリカにさせてるだけ。アメリカだって、ボーイスカウトやらせていただきますという感じで、彼らは正義のためにやってると思っている。大儀があると思っている。

９１１事件だって暴露されたけれども、半分のアメリカ人は疑っても、残り半分のアメリカ人は信じたくなかった。それが事実だとしても、ちょっと聞きたくないなと思っていた。すなわち、二つに分かれる。アメリカの中でね。

でも逆にね、あのビルぶっ壊してまでなぜやらなきゃいけなかったか。あれで金儲けした人もいますけど、実はあそこにはね、日本の債権を置いてたの。対外債権。それが吹き飛ばされた時に、アメリカは小泉純ちゃんごめんな、お宅の借金の借用書、全部ここに入れてたんだけど、なくなっちゃってごめん、て。

中丸：どれくらいあったのかしら？

白峰：結局、数百兆円ですね。911事件が世界に与えた全世界へのマイナスの影響は、500兆円になるという予測も出ています。

一同：500兆？　えーっ！

白峰：それくらいです。

中丸：バブルがはじけた時、それくらいなくなってるのよね。

白峰：日本だけでなく、世界で株式崩壊が始まると考えていたようです。日本の株式、国債、その他、対外債権が消えただけでなく、世界的な株のカラ売りで、

911事件から今までの世界規模の経済損失は500兆円と言われています（サブプライムも500兆～1000兆円になる可能性が大きく、これから大変でしょうね）。日本の年間GNPが500兆円なのに、2008年1月の株式市場でたった一ヶ月で560兆円が消えました。

日本の債権の借用書についても、特別のシステムなんですよ。それを特別会計っていうんです。

中丸：国家予算が82兆とかいってて、特別予算がいつも30兆とか、あれどうして国民は何も言わないの？

白峰：明細はぜんぜん、わからないんです。

中丸：どっからどうなの？

白峰：わからないんですが、アメリカという国を日本が永久的に支えるっていうんです。

瀬戸：それ、僕はぜんぜん理解がないんですけど、毎年30兆円というお金は表になってるんですか？　裏でしょ？

白峰：いや、とりあえず特別会計で処理してます。内容はいっさい公表しないし。どこに行ったのかもわかんないし。実際はアメリカと欧米です。欧米といっても経由するだけで、全部アメリカに入ってます。

瀬戸：それは、中丸先生のおっしゃる闇のところに行くわけですよね。最終的にはね。

中丸：あのね、北朝鮮の強さっていうのは何かというと、偽金と麻薬ですよ。一番儲かるじゃないですか。印刷すればお金はできますからね。アメリカのＣＩＡが提供した古い機械で、日本の紙幣技術を使ってる。

例えばサラ金からお金借りて、支払えなくなって、中にはいろんな人がいるじゃないですか。例えば造幣局とか印刷屋だと、逆に貸し付けをしてコゲつかせる。それで、夜逃げを手配して北朝鮮まで持って行って、北朝鮮で日本人の職人の印刷技術で刷って。中古の機械も盗んで、舟に積んで持っていく。古い機械だけれども、ちょっとメンテナンスすれば紙幣を刷る事ができる。

瀬戸：本物を刷ってたやつなんですからね。

中丸：あるんですよ、竹下さんの時代も。中国にね、トレーラーにコンテナで、日本円で何千て……。小渕さんがそれを分かったから、こりゃまずいって事で新札を作った。二千円札だけじゃなくて、全部やったんです。あの時には外国にもトレーラーで何十トンていうお札が行きました。ホントのお札ですよ。日本円で何兆円ていうと、世界でもすごい金額ですよ。

瀬戸：うわぁ、だから確かに新札の期間が早かったですもんね。

白峰：それ、対策だったんです。あと、今でも例えば、タイとかフィリピンとかバングラデシュに行きますと、先生、昔の聖徳太子の一万円札があるのよ！

瀬戸：ああそうか、でも本物ですよね。

白峰：うん、本物。裏金で出せなくて、換金もできない時あるじゃない。それを、タイとかで使ってるんです。どうやってるかというと、換金両替できないから一万円だけど十分の一、すなわち千円ぐらいで。でも、札は札なんですよ。だけどそれを日本の骨董屋に持ってくると、聖徳太子の一万円札が三万から五万になっちゃうでしょ。ね？(笑)

確かに世の中は、新しい、良い方へ向かっています。ただし、エントロピーの法則っていうのは新しいものを生む時には、必ず破壊がある。例えば、今このグラスを握ってますよね。他の物を握る時には、手を一回開かなきゃいけない。これが破壊行為って見えるだけであって。

中丸：そうですね。生まれ変わる過程。

白峰：アメリカだって自分の国をね、100年、1000年、残したいって思ってるんですよ。ただし、過去のシステムを真似て国を作ってるから弱い。未来のシステムを応用したいんだけれども使えない。だから逆に、1000年残さないんですよ。人間はただ、食って飲んで生きる。生きてるって事が絶対条件だから。でも日本では、例えば霊体になっても、肉体は無くても生きてるって事が条件だから。

そこまでの尺度でみてみれば、**日本の古神道とか、文化っていうのはね、すごいものです。**

中丸：ロックフェラーが94才とかで日本に最近来たりしてるでしょ。ロックフェラーインスティテュートって研究所があるじゃないですか。そこで、長生きするための液体作ってるみたい。

エネルギー問題の本質とは

白峰：最近は、不老不死よりも、環境問題が話題になってますかね。エネルギー問題の本質について話しましょう。

フリーエネルギーが何故ダメかと言えば、石油産業が食えなくなるから。彼らが食えれば、フリーエネルギーがあってもいいんですよ。逆に、石油作って食ってる人達にそれを渡せばいいの。

でもね、皆さんは勘違いしてるの。アメリカじゃないんです。石油で食ってるのは、中東なんです。だから、アラブを助ける。

アメリカの外交評議会の中では、第三次世界大戦を避けるにはアラブを食わせておかなければ、彼らを裕福にしなければ、戦争になっちゃうと言っている。初期の段階は、アメリカもやっぱりボーイスカウトですから理想もけっこう高く、中東の人達を助けた。ただし、彼らがあまりにも金を持っちゃったから、力も持っちゃったから、気にくわないわけですよ。いう事聞かなくなっちゃったから。

アメリカは、自分の国を掘れば出るんです。でも掘らないで、外国でやってる。その方がお金かかんない。もっとそれ以前にあるのは、中東の国がもし食えなくなったら、結局争いになるんですよね。**だから、石油を使わなくなって一番困るのは、アメリカじゃなくて実は中東なんですよ。**中東諸国ね。そしたら彼らは生き残るために何をするか、戦争しかないんですね。それを避けるためでもある。**だから、フリーエネルギーができたら逆に彼らに、石油産出国にやってもらうのが一番いい。**

中丸：でも、今ブッシュなんかの政策を見ると、煽ってるじゃないですか、戦争を。ハルマゲドンまで持って行こうと思って。第三次世界大戦ですよね。

白峰：ただ、イランとの戦争をアメリカがやったら、核戦争になっちゃいますからね。

中丸：それも、やろうとしてるんじゃない？

白峰：だから、本格的にやったらば、イランの核ミサイル全部、イスラエルに飛ばすっていうんですよ。それでアメリカのシオニストは、イスラエルを守るためにアメリカで金儲けしてるんですから。自分のふるさとが攻撃されたらもう、それまでですね。

中丸：そこにちょっと、亀裂が始まってるみたいね。その、イスラエルにいるユダヤ人と、アメリカのシオニストと亀裂が始まって、あまりやりすぎないで欲しいみたいなね。やりすぎると、自分たちユダヤ人が世界から孤立しちゃうというね。そこまでいってますね、今は。

白峰：イラクの場合はしょうがないんですけど、イランの場合はもう、絶対譲らないって。でも、ロシアの核も、北朝鮮で改造したやつも、全部ありますからね。で、アメリカはブラフや脅しじゃなくて、本当に使うって分かってるから、どうやっていこうかなと思っている。本当は、内部崩壊させたいんです。

だから今、パキスタンという国をおかしくしてるでしょ。パキスタンを崩壊させて、今度はイランまで持っていこうと。アメリカはそういう諜報作戦でやってます。中から壊して。でも、イラン人だってバカじゃないですから、最後きれちゃったらやりますよ。

中丸：歴史をもってるもんねぇ。たいへんですよ。5年間が勝負ですね。今後世の中どうなっていくか。

白峰：今、**中国は２００８年にオリンピックがあるからおとなしくしてるんです。**オリンピックの時に恥かいちゃうから。だから、中国は北朝鮮を押さえてる。食料とか渡してね。

　でも、もしオリンピックがなかったら中国だって暴れますよ。今、中国とアメリカが戦ってもまだアメリカの方が強いですけれども、ロシアが中国についたら同じ力、そして今度、ＥＵが食料援助したらアメリカも負けちゃいますよ。ＥＵはどっちでもいいんですよ、どっちにつこうと。でも、アラブ諸国はアメリカにつくかっていったらつきませんよ。そしたら、日本とアメリカは、世界中全部を敵にまわします。日本の金がアメリカをまわしているのなら、アメリカをたたくんだったら日本もやられます。

だから、日本の経産省では、アラブの金を日本に入れろと。日本の株の3割を持たせろと。そうすれば、日本をたたいたら資産を無くしてしまうからできない。これ、頭いい作戦。アメリカを3割いれて、アラブを3割いれて、純粋な日本のものは1割しかない。あとは在日の人が一番金を持ってるから。

日銀もそうなんですけれども株式会社ですから、誰かが所有してるっていう事です。

中丸：もう今は、40パーセントはロスチャイルドが持ってる、日銀のね。本当に日本が、2012年以降世界をリードしていく国になるように、私たちは天上の世界で約束してもらってきてると思うんですよ。

ここからの5年間が勝負だから、このへんでやっぱりちょっとしたシンクタンクを作りましょう。だって日本の政府、ぜんぜんわからないもの。今の首相、民主党にしても、自民党、民主党両方がめちゃくちゃでしょ。政治家も、官僚も、財界も、何も分かってない。だからもうビシッとね。

白峰：中丸先生、２００８年は民主党も選挙やりますからね。小沢氏も有利になるかもしれない。しかし、官僚が言う事聞かないから。民主党は特に。そうするとやっぱり、自民党と連合するしかない。２００８年からいろいろ起きてきますから。

中丸：そうですね。官僚も含めて、きちんと指導してあげられるようなシンクタンク作らないとダメよ。

白峰：日本会議ってありましたでしょ。今でもありますけれども。瀬島さんが作ったね。政治家とか民間を入れて、日本を本当に変える組織にしたいって言ってたんですけれども、ところが日本会議って本当に機能していますか？

中丸：動かない。瀬島さん自身が、誰かのエージェントだったんじゃないんですか。

白峰：大本営の参謀には言えませんが（笑）。

中丸：だから、そういう人がやってもだめよね。天上界に守られてやらないとだめですよね、これは。なにかをやるならばね。

白峰：私は、中丸先生が出て来たので、２００８年から引退しようかと思ってるんです。

中丸：だめですよ。これから一緒にやるのよ。これから３０年が、本番ですよ。

白峰：船井会長も出てきて、いろんな立場の人がいます。私がやってたころや、エハン・デラヴィさんがやってた頃はまだ、石投げられて、ばかじゃないかって言われるようなね。とりあえず、１５年やってきたからね。

中丸：**それを出すのよ、バンと。それくらいしないと、みんな目覚めないんですよ。そうですよ。みんな守られてる**んだから大丈夫よ。

瀬戸：そうだよね。そういう風に考えないと。船井さんてどんな方なんですか？

白峰：ちょっとお話しして。船井会長の事ご存じないようですから。

中丸：船井さんは、ビジネスコンサルタントですよ。

横澤：有名なのは、ビジネスコンサルタントという業種で初めて一部上場したんですよね。普通は、そういうビジネスコンサルタントなんて目に見えない仕事ですけど、それが確実にお金に変わる、変わるっていったらおかしいけれど、会社自体、そういう価値があるとした最初の方なんです。

中丸：精神世界にも興味があって、オープンワールドという催しをしたり。その最初、もう十年も前だけど、私がちょうどその類の本を出した時で、講師としても何人かいましたね。今の東京都庁のある所でね、5000人ぐらい収容する部屋がいっぱいになってました。そういうご縁から始まって、最近もやっぱり中丸先生の講演をみんなが聴きたいからっていう事で、熱海で講演したりね。

この間、船井さんと対談した時、あなたはね、聖徳太子の時代、蘇我馬子だったのよって言ったんですよ。ちょっとおおぜい殺してますから、かなりちゃんと反省してやらないとたいへんよって。あなたの守護霊もすごく心配して、人の言う事聞かないし、今のまま行くと何も学ばないで帰っちゃう事になっちゃうみたいよって言ったら……。

横澤：おっしゃるとおりな気がします。

中丸：そうでしょ。ご自分でも、そう思いますって、反省するところがあるっておっしゃってました。

瀬戸：それは中丸先生しか言えない。

（ロックフェラーにも説教したし）。

中丸：まぁ、ご縁があってね、その時代私も生きてたし、だから船井さんも私の事気になって、何かというと私に頼んできたりね。私にそれだけの事を言われても、そうですねって言って。船井会長の場合は、良く言う人と、良く言わない人がけっこういるんですよ。でも、役割は大きいですよ。影響力もありますしね。

（宗教の池田、経営の船井ですから）。

白峰：いつの時代も歴史のからみがあってね。

横澤：でもあれですね、ぼくが思うのは、やっぱり先生というレベルになった人のオーラっていうのは、どうしてもそこでストップしますね。こわいなと思います。

白峰：今度は逆に、守って行かなきゃいけないものができるからじゃないですか。

瀬戸：やっぱり偉い人になってしまうとね、その瞬間に大事なものをなくしていく。

中丸：組織を作っちゃったらだめね。それ守ろうってなって。経済界や一般大衆に「びっくり現象」として影響を与えたのは素晴らしい事よ。普通のタヌキオヤジではできないわよ（笑）。船井さんも、やはり天命がある方ね。

2012年以降の世界観

瀬戸：アセンションしてお金が必要なくなった時って、どういう感じの社会なんでしょう？

中丸：やっぱり、今みたいなこの便利さは、なくなるかもしれません。でも、もっと自然な形になるんでしょうね。

白峰：ただやっぱり、お金に代わるものはでてくると思いますよ。お金に代わるシステムがね。だからといっても、不平等はないと思うね。あと、貴族制度になるっていうね。結局、御霊（みたま）の高さってあるじゃないですか、霊的にね。それでもう、階級をつけなくても、結局それで全部分かっちゃうから。だから上の人は下の人をいじめるんじゃなくて、だいたいは下に良いような政治制度をとってる。

中丸：本当の意味での貴族制度よね。本当に心の整った人が政権を持って……。だって、地底はそうですもんね。12人のカウンセラーっていう偉大なる霊的な人達が平和国家を築いています。

横澤：全員がみんなオーラが見えて、それで納得ですね。

白峰：それで、**御霊の色で霊格が分かっちゃうから。誰も文句言わない。**

中丸：慈愛だけの人が、ちゃんとみんなを指導していく。戦争もないし、お金もないし、警察もないし、病院もない。

白峰：彼らにとっては、飲み食いっていうのは遊びですよ。

瀬戸：食欲とかそういうものは？

白峰：食べたければ趣味で食べればいい。生存のためじゃなく、花を見る感じでね。今、我々は生きるために食べてるけどそうじゃなくて、食べたければそういうのもいいんじゃないですか、みたいな感じで。

中丸：**この間、14歳の時からアンドロメダの星にしょっちゅう行ってるってい**

う方に会ったんです。アメリカ人で。すごい宇宙船、母船があるそうですよ、地球上にね。そこが、すごい広い所で5階ぐらいまであるんだけど、各階に行ってみたらもう、想像を絶する広さ。すごい庭園とかあってね。それで、食べ物ってすごくちっちゃいんですって。食べるって言ったら、いやそれはすごく酸素が多くて、食べると不快になるから食べないほうがいいよって言われたんだけど、興味津々で4分の1ぐらいちょっと切って食べたら、やっぱり一時間もしないうちに、すごく気持ち悪くなって吐いたりしたそうよ。

（食事は地球人だけのようです）。

白峰：金星はジュースだけです。野菜ジュース。ネクターのように作ってある。仙人の世界もそう、霞。結局ちょっとね、人間型宇宙人って、ボディを維持するために水は絶対とらなきゃいけない。液体でとらなきゃいけないんですね。それで、ずーっと液体だけ飲んでると、内蔵は必要なくなっちゃう。

横澤：なるほど。じゃあ、食に対する喜びっていうのは無くなるわけですね。

中丸：他の喜びがあるんですね。もう、いつでも満たされて幸せでというね。

白峰：逆に言ったら、この文化は不自由ですけれども、なんでも再現できる文化だから楽しいかもしれないですよね。あっちは食あたりもないですから（笑）。結婚制度も変わっちゃうでしょ、生殖制度も。でも、あえて肥満やりたければ、肥満体質作って遊んででもいいんです。それは結局、遊びの世界になっちゃう。

横澤：趣味で肥満をやる……。

白峰：そうそうそう。

中丸：アンドロメダに行ってきた人の話によると、みんなきれいな人たち、ちょっと背も高くて、やっぱり両性なんですって。男性、女性ってなくって、みんなが両性。観音様ね！

瀬戸：そこまでいってるんですか。

白峰：宇宙人のエッチっていうのは、手をかざしてるだけなんですって。そうすると溶けて、体が融合してね。それつまんないなって言うんだけど。その時にはお互いの人格というか、そういう個別のエネルギーが消えちゃって、融合、一つになるんだって。

中丸：恍惚感だよね。

（昔、手を合わせただけで満足した事もありました）。

白峰：で、子供っていうのは作らなくてもいいんだけど、欲しければ姓を名のらないで、コミュニティで育てていけばいいんです。もしできちゃえばね。国の一員として育てていく。だから、親権っていうものはないのね。

瀬戸：みんな親なんですね。

白峰：だから、カプセルで育ててもいいし、人間的な学習をしたければいろいろ体験してもいいし。作らなければ作らなくてもいいし。

横澤：それだったら血族の争いって無くなりますよね。

白峰：ではそろそろ時間ですので、対談もこの辺で。

友情寄稿　瀬戸龍介

〈プロフィール〉ビートルズ、キングストン・トリオ、フランク・シナトラと、当時の最高のアーティスト達がみんなキャピトル・レコード専属だった。瀬戸龍介も高校の時より、そのキャピトル・レコードのアーティストになる事が最大の夢だった。シアトル・マリナーズのイチローがメージャー・リーグでプレイをするのが夢だったように、彼はその夢だけをかついで渡米した。しかし、飲まず食わずの毎日でも、ついにそんな彼にもチャンスが訪れた！　サンタモニカのトルバドールというライブ・スポットのオーデションに合格したのだ。当時、キャロル・キング、ジェームス・テイラーらのプレイする。ウェスト・コーストの最高のスポットだ。その日、各メジャー・レーベルはみんな新人発掘に来ていた。日本からのロック・グループ、"EAST"は、最高の出来だった！　そしてメージャー3社から次々とオファーがあった！　勿論、答えはキャピトルだった！　彼らのファースト・アルバム「EAST」はエルトン・ジョンのアルバムと並んで、ビルボード10位の快挙であった！　その後、小澤征爾、武満徹らと世界的な琵琶の演奏家の鶴田錦史に師事し、アルバム「五六七」「KEGON」を次々に発表した。ただ、音楽業界の中で不自由に活動する事にあき足らず、彼は自分のビジネスをスタートさせた。そして、かねてからの夢のレコーディング・スタジオを葉山に完成し、今、彼は、新たなる出発点に立っている。世界に向けて常に、新たなるニュー・フロンティアを追求し続ける瀬戸龍介。彼の心は今、何を見ているのであろうか？

音と光と日本語の素晴らしさ

ある時、戸隠に行った。奥の院までの長い参道を歩いて行くと、そこは神域、とてつもない気が満ち満ちてくる。戸隠の神さまは何と、奥の院の中にはいらっしゃらなかった。多力男の命と九頭龍神さまのお社の間の山のところにいらっしゃった。神様は、「わが民、我をそしり、鉄の門に石の壁！」とおっしゃった。よーく見ると確かに社屋はコンクリートで出来ており、鳥居は鉄で出来ていた。何年か前の大雪の時に、雪崩で木造の神社屋が壊れてしまったらしい。しかし、何故、雪崩で社屋が壊れたかの本当の神意が分からないような民になり下がっているという事なのだろうと

感じた。民人の一人として神様に心から謝った。

帰り道、参道の脇にせせらぎの音が聞こえた。吸い込まれるようにせせらぎの方へ歩いて行った。そこには、せせらぎさんと風さんと鳥さんの素晴らしいアンサンブルが奏でられていた。しばらくの間、私はそこにたたずんでいた。すると、何か、一緒に演奏したくなった。いや、自分も仲間に入れて欲しかった。思わず「僕も一緒に入っていい？」と尋ねたら、「いいよ！」と快く受け入れてくれた。

どうしようかと思っていると、そばに小石があったのでそれを摘んで、せせらぎさんの中へポイとすると、「ポチャ！」という音がした。又、摘んではポイ、又、ポイ！　いつの間にか、別の次元の素晴らしい世界の中へ入っていた。

どれだけの時間が経ったのだろうか、ふと、我に返った私は、音楽家といいながら、音とは何か？音楽とは何か？何も知らずにやって来ていた事に気がついた。音楽といえばすぐにギター、ピアノという楽器を思ってしまう私がいた。そして、どうすれば良い曲が書けるのか？という事ばかりに気を取られていた自分がいた。

でもどうだろう、このせせらぎさんたちは、そんな事は、何も考えずにここに数億年もいてその素晴らしいアンサンブルを奏で続けている。しかも、誰に見られる事も聴かせる事もなく……。戸隠の神様に音楽の真髄を教えて頂いた。もしかしたら天の細女さんだったのかも知れない。

音には神さまが宿り、言葉にも神さま宿る。そう考えると日本語は深い。日本語の響きには底知れぬ深い響きがある。神様の魂そのものの響きである。その言の葉が乱れている昨今は、氣が乱れている。氣が乱れれば人の心も乱れる。

国も乱れる。世界が乱れる。日本人は、いち早く、美しい響きの言葉を話して、美しい国を作らねばとつくづく思う。そう言えば元総理の安倍晋三さんもそうおっしゃっていたのを思い出した。

音と言えば光にも神さまが宿る。日本には古くから「わびとさび」があると言われて来た。茶室の障子に映る月の光に揺れる笹の葉の影、お釜のお湯が奏でる松風の音、この光と音の綾なす妙が「わびとさび」であるとある時、千の利休さんが教えてくれた。

日本に生まれて本当によかった。神様、本当にありがとうございます。

日本人として

七十年代後半、当時アメリカのロスに住んでいた私は、時々、日本に帰って来ては、重要な神社（往々にして無名・人知れぬ所にある）や聖地などを回ってお参りをして又、アメリカへという繰り返しをして来たが、ある時、このままでは日本は駄目になるという思いを強くした。日本人は日本人の大切なものをどんどこかへ捨ててしまって西洋文明、アメリカ文明、一辺倒、まっしぐらだと感じていた。勿論、アメリカにも素晴らしい点はたくさんあったが、日本の素晴らしい所を忘れては話にならない。音楽家の私は、琵琶をかき鳴らしながら、コンサート、ライブ、テレビ・ラジオ等でも訴え続けた。音楽教育に関しても、バッハ、ベートーベンは確かに素晴らしい、しかし、日本の伝統音楽、伝統芸術は全くといっていいほど義務教育ですら取り上げられていなかった。何を日本は考えているのだろうか？

何も考えていない！

結果的には、僕は、世間的には「変な奴が変な事を言っている！」で終わってしまったように思えた。

人は、本来自分が捜し求めているものは、案外、そこを退いてみないと分からないのかも知れない。そういった意味では、私はアメリカに感謝している。「僕は日本人だ！」と分かったのはアメリカに行ったからだ。日本に住んでいただけでは、何も感じなく、今の日本の流れに流され続けていたかも知れない。

私が小学校の二年生から四年生まで、私の父が外交官であった為、インドに行っていた事がある。ある時、両親の会話の中から、イザという時は、「着物を着るといい」と母が父に言っていた事を思い出す。洋装は西洋人の為のもの、和装は日本人の為のものという事を実際に外交に携わった両親から学んだ。今、つくづくそう思う自分がいる。真のＤＮＡを大切に！

小学校の頃の自分は、インドのイギリス人の学校に行っていたが、日本人の優秀さは、子供ながらによーく分かった。英語さえできれば、日本人はどこへ行っても最高に優秀だろう。しかし残念ながら、世界中で英語が一番下手なのも日本人の特徴だ。

発音なんかは日本人の英語でいい、いや、むしろその方がカッコーいい。しかし、相手の言っている事くらい分かり、自分の言いたい事くらいは英語で言ってあげられるくらいの余裕があったらもっとカッコーいいと思う。その時は、日本は世界で真の意味でリードをする国になっていると思う。

つくづく、日本人として生まれて本当に良かったと思う。

世界で感じる日本の役割

今こそ、日本という国の重要性を、これほど発揮するに最適な時代はないのではなかろうか。世界に先駆けて、原爆体験に始まり、高度経済成長を体験し、ひいては経済戦争等、いろいろな事を体験し、それを世界に目に見える形で示してきた国、それが日本である。

日本は、その体験をもとに、もっと世界に堂々と、自国の真意を大きな声で言う時が来たのである。本当は世界はそれを待ち望んでいるはずである。何故、日本は立ち上がらないのかと不思議な国と思っている節もある。実力ナンバー・ワンであるにもかかわらず、ただただ、静かにしている。

そろそろ、ムラクモの剣を抜いて立ち上がる時が来た。ヤマタノ大蛇退治だ！

もの本位、お金本位、地位と名誉本位、学歴本位、人を出し抜く心本位、競争と優位性本位、成長性本位、目に見えるものが全てという時代の大将のヤマタノ大蛇を日本という国が本来持つ神器、神意、真意、真心、誠意というムラクモの剣で退治すべき時がやって来た。

いや、既に、もう始まっている。サイン・カーブのようにあっという間に、世界がひっくり返る時がとうとうやって来た。本当の日本人、大和魂を持つ日本人は、それをふつふつと魂で感じているのが昨今である。ただ、この時代は日本人の体の中に本来は日本人でない人たちがたくさん入っているのでややっこしい。かと思えば、外国の方なのに日本人以上に日本人である方たちもたくさん見かける。世界の最後の正念場だからこそなのだろう。

本来、日本の持つ「和の心」とは、場を同じにするという意味である。自分があって相手があると思った瞬間に二つの場が存在する。それは、これからの世では通用しない。

相反する二つのエネルギーが一つになり、新しいものが産まれる。プラスの電気とマイナスの電気が合わさってこそ光になる。男性と女性が手を組んでこそ、新しい命というものが生まれる。この命が産まれるという事、これこそが今、真に一番必要な事だ。動物と植物は共存、共生する、昼と夜は共存、共生する。これがこれからの世であって、自分と相手、世界と日本といった二分された考え方の中にはこれからの世は存在し得ない。

それがこれからの新しい時代
「五六七」ミロクの世である。
「和をもって尊しとする」
本来の日本なのである。

日本人よ立ち上がれ！

友情寄稿　横澤和也

〈プロフィール〉長野県の安曇野出身。大阪芸術大学演奏学科フルート専攻を卒業。昭和60年奈良県奥吉野になる天河弁天社で石笛と出会いその音色に魅せられる。現在はフルートだけでなく、石笛、竹笛、篠笛などの様々な横笛を通して、一期一会の音空間を創造する演奏家として活動している。西洋音楽から学んだ確かな音楽理論とテクニックに加え、日本人としての感性を生かした、独特の即興演奏スタイルは、民族や宗教を越えた命の響きとして好評を得ている。石笛を音楽的に表現し、その魅力を全世界に伝えている演奏家である。演奏者と聴衆が、大自然と一体になって行うマイクロフォンを使わない自然音のソロコンサートはとても魅力的である。

海外での演奏歴：ニューヨーク／カーネギーホール・スイス／モントルジャズフェスティバル・オランダ／ノースシージャズフェスティバル。その他、ヨーロッパ各地での招待演奏、中国北京、アジア各地での招待演奏。近年、アメリカサンフランシスコで演奏旅行にいき、在住のアーティストとともに新しい作品を創り上げ高い評価を受けた。

日本人として

日の本の国に生まれて、幸せを感じておりますし、心より感謝をいたしております。

私が演奏します石笛（いわぶえ）は、古くは紀元前の縄文の遺跡より出土します。現在は、古神道などの宗教的儀式にて奏上されているようですが、私は、音楽家の一人として、音楽の表現の一つとして石笛を演奏しています。この石笛を通して、日本人らしさ、日本人としての感性、日本人としての考え方を、教えられる事があります。

私が、この石笛と巡り会い、演奏するようになるきっかけは、話せば長くなりますので、今回は省略致しますが、ある先達より、**「石笛は、神様をお呼びする笛なので、人の手によって作ってはいけない。人が作る物には、汚れの心が入りやすいので、自然に出来た石笛を使わなければいけない」**といわれた事があります。つまり、神聖な神をお呼びする音は、汚れのない楽器を使わなければならないそうです。人の手の加わった楽器と、自然の、あるがままの楽器と、区別をしなければいけないそうです。なるほどと、納得しましたが、けっして、人の手によってつくる楽器を否定したり、軽んじているわけではありません。私が演奏する横笛も、職人さんが作って下さいますし、世の中にある楽器のほとんどは、人の手によって作り上げられます。また、楽器に限らず、世の中のすべての物は、自然の物質を利用し加工して作られます。

ここで考えてみて下さい。自然に出来た石笛と、人の手によって作られた横笛では、何が違うのでしょうか。石笛は、一切、手を加えたり、加工したりしてはいけないので、たとえ演奏しづらい形状でも、演奏者の方が、石笛の形状に合わせて、口を曲げたり工夫をしながら演奏します。一方、横笛の方は、竹を削って、演奏しやすいように細工をして、人に合わせて加工していきます。つまり、石笛のように、与えられた物をそのまま受け入れるのではなくて、人の為に、人に合わせて自然の物質を加工して製作するのです。ですから、とても演奏しやすいし、楽器としての完成度が高いのです。

私はそれが良いとか悪いとか言っているわけではありませんし、両方とも必要ですし、使っています。昔から日本人は、自然より与えられた物に、感謝をして、文句も言わず素直に受け入れる事を良しとした民族だと思います。一方、自然より与えられた物を、知恵と技術で加工し、人間のために物を作り上げる事を得意とした民族でもあると思います。

今までは、我々人間が豊かになるために、経済成長のため、どんどん物を作り続ける事を良い事と考えてきたけれど、物を作らないという選択を、勇気を持ってしていかなければいけないでしょう。

石笛は、大自然の恵を、感謝してそのまま受け入れる、そんな日本人的な感性を、表現できる楽器なのです。日本人として、石笛の演奏を通して、世界中の人々と良き出会いをしたいと思います。

世界で感じる日本の役割

石笛演奏家として、世界各国ご縁のある都市に行かせてもらい、歓迎を受け、いつも感謝しております。きっと、日本に対する印象が良い事と、音楽家という職業に敬意を払って下さるからだと思いますが、特に演奏が終わった後の、外国の皆様方の反応が、興味深いです。私の演奏する石笛は、こぶし大の石に、自然に空いた一つの穴（直径1センチ奥行き2センチ半）を吹奏致します。西洋音楽のドレミの音階を使った表現ではなく、大自然の風のような音楽を奏でます。はじめは、日本という極東の小国からきた、珍しいエキゾチックな音楽だろうと、興味半分、おもしろ半分で聴いて下さいますが、最後には、今までにない感動を体験されるようです。**アメリカ、ニューヨークで演奏した時ですが、司会者が石**

笛の音楽を「日本の原始の音楽」と紹介したところ、演奏後に何人かのアメリカ人が楽屋に押しかけてきて、「あの音楽は、日本の原始の音楽ではなく、人類の原始の音楽だ」と嬉しい抗議をしてくれた事がありました。また、中国では、北京をはじめ地方でも演奏しましたが、石笛の音を聞いたとたん、立ち上がって拍手をして下さいました。後でお話を聞くと、体が自然と動いてしまい、頭では理解が出来なかったそうです。それぞれの国で、それぞれ違ったリアクションを経験しますが、共通する感想があります。それは、〈潜在意識のもっと深いところで、何かを感じる〉とおっしゃいます。それは、国や人種のスタイルを越えて、人間として、一つの生命体として、共通の感覚だと思います。この事は、石笛演奏家の私にとって、演奏家冥利に尽きると共に、とても嬉しい事です。日本に生まれ、石笛と出会い、それを演奏できる事を、心より感謝をいたします。また、励みでもあり、喜びでもあります。

今、ヨーロッパをはじめ、世界的に日本文化のブームだそうです。モスクワでも、日本料理店に長い行列が出来ていました。日本人としては、とても嬉しい事なのですが、中途半端な日本の和の心や、中国と日本が混じったような変な日本文化、表面的な日本文化、ファッション的な日本文化だけがブームになっても仕方がない気が致します。興味半分、おもしろ半分の日本文化では、何の役にも立ちません。日本には、潜在意識の奥に響く、精神文化があるのです。世界各国の皆様は、その精神文化を理解したいのです。本当は、それを求めているように感じます。そして我々日本人は、日本的精神文化を広めてゆかなければいけないのです。もちろん私どもも、日々精進していかなければなりません。

世界の皆様と共に感じる事の出来る、潜在意識の奥底にある心の文化を、日本人の一人として、伝えてゆきたいと願っています。

音と光と日本語の素晴らしさ

石笛を演奏している時に、いろいろな光を感じる事があります。音とは、光であると感じるのです。音楽にではなく、ただの音に、それを感じるのです。音がいくつか集まって、音楽になるのですが、石笛のように、単音しか出せない楽器を演奏していますと、たった一つの音の中にも、とてつもない光とエネルギーと情報が詰まっている事を確信いたします。私は、大学で西洋音楽を専門に学びましたので、西洋音楽の素晴らしさと芸術性を、心より感じますし、そのスタイルを愛しています。音楽は、音と音とが重なり合い、流れを造り、この世の物とは思われない空間と時間を演出する事を知っています。しかし、音楽として素晴らしいだけではなく、それを構成している音、一つ一つも芸術的であり、素晴らしいエネルギーなのです。特に我々日本人は、川の流れる音や、風の音、虫の声、あらゆる音を感じ、楽しむ事の出来る人々です。この感性は、日本語からも培われているような気がします。五つの母音の言語は、シンプルで表現力に優れています。

私の開催するワークショップの中で、【プライマル　ヴォイス】というワークがあります（プライマルとは、私の友人で精神世界の冒険家でもある、エハン・デラヴィ氏が、私の石笛の演奏を聞いて、石笛に【プライミーブル　フルート】と名付けたのがはじめで、原始の笛という意味だそうです。ですから、原始の声、本来の声、という意味です)。そのワークは、男女合わせて二十人くらいのメンバーが、テーマを決め(たとえば、優しさとか、地球に感謝とか、愛など)それぞれが、ゆっくり丁寧に息を吸い込み、自由な音程で〔ま　MA〕の音を、長く延ばして歌います。Mの子音とAの母音で表現していくのです。それぞれの音程を決めていませんので、普通でしたら、不協和音になりますが、一つのテーマを心に持って歌いつづけますので、何とも言えない調和が生まれるのです。西洋の音楽の和音は、協和音にするために、歌う音程をそれぞれメンバーに振り分けますが、このワークは、すべて自分の歌いたい音程で、混沌とした和音を作るのです。これを三十分くらい行いますと、何とも言えない素晴らしい音の世界が生まれるのです。これこそ日本の【和】【調和】の心を感じる事が出来る世界です。

音楽は、演奏する側だけが優れていてもだめなのです。演奏を聴く側も、優れていなければなりません。音楽を理解できるとか、理解できないではなくて、自分の感性を最大限広げて、演奏者の表現である音を(情報を)、受け取らなければならないのです。放送局からいろいろな電波が送られてきても、壊れたり、性能の悪いラジオなら、十分に受信する事が出来ません。音楽を聴く為には、心を限りなく自由に、また純粋に保ち、生命に感謝をしなければなりません。すると、限りない光や、エネルギー、情報などを受け取る事が出来るのです。

人間は、エネルギーと情報を、発信し、受信していかなければなりません。日本語は、心の表現に適した言語の一つといえるし、また、もっとも音楽的な言葉だと思います。

二十一世紀、地球人類進化論

この地球の上には、多くの国があり、肌の色の違う様々な人々が暮らしています。私は、黄色人種として、感謝して日本の国に住まわせていただいています。最近、ある事を感じる事があります。それは、友人で、黒人の音楽家の事ですが、彼といると、時折、日本人のような感性を感じる事があるのです。もしかしたら、我々より日本人なのかもしれないと、感じる事があるのです。また、フランス人の友人も、日本的な心の静寂を持っているのです。私の演奏する石笛に興味を持ち、心の奥で、お互いに共鳴を感じるのです。友人のアイスランドの歌手は、一時間も京都の山寺で、私の笛の音に耳を傾け、何かを感じていました。簡単に、「前世が日本人だったのだよ」という人もいますが、外国に行っても同様に感じる事があります。ヨーロッパでも、アメリカでも、アジアでも、日本的な人々がいます。空手や合気道などの武芸や、禅や神道に興味を持ち、それぞれの道を極めています。そうかと思うと、日本人でも、日本文化に興味を持たず、日本人らしからぬ人々もいます。ここで〔日本人らしい〕とか、〔日本的な心〕という定義が問題になってきますが、私は、一つの考え方として、良い意味でも悪い意味でも、精神的で、目に見えない物を大切にする感性、作られる調和ではなく、自然にわき上がってくる調和を感じる事が出来る、そんな感覚を持つ事だと考えます。このような感性の事を、〔日本人らしい〕と言って良いか悪いか解りませんが、国籍、人種、性別、世代を超えて、心の奥底で、潜在意識の奥で共鳴しあえる、そんな価値観を持った人たちが、私の周りに、たくさんふえている事に気がつきました。

今までは、人々を国籍や人種で区別をしてきましたが、これからの時代は、精神的で、目に見える事だけではなく、見えない事も大切に出来る人と、そうでない人とが、はっきり区別されてくるような気がします。どちらが良くて、どちらが悪いわけではありませんし、もっともっと複雑で、多様化されているのだと思いますが、はっきり分かれています。これからは、同じ価値観、考え方、感性を持った人々が、繋がりあい、目に見えない絆を感じる事が出来るようになるでしょう。この事は、親子だから、夫婦だからといって、繋がりあえるものではないようです。自分自身の潜在意識の奥底の感性を、磨く事によって、天とも地とも結びつき、同じ感性を持った人々と、心で結びつくようになるのです。そしてだんだんと国境も境界線もなくなり、最終的には、すべての人々が、一つの意識に到達すれば、区別も無くなります。まだまだ時間がかかりそうですが、急がなければいけない気がします。

今までは、無極が太極になり、陰陽に分かれ、四象となりましたが、これからの時代は、四象より陰陽に戻りて後、太極をなし無極へと帰る。そんな進化を、遂げてゆくべきだと思います。

友情寄稿　御代　真代香

〈プロフィール〉まほのば神舞家元　御代真代香（みだいまほか）

1976年　日本舞踊名取りとなる。

1979年　名古屋市の姉妹都市であるロサンゼルスに名古屋の親善大使としてロサンゼルス・ウィルシャーイーブル劇場で日本舞踊を披露し喝采を受ける。

1993年　東海テレビ・テレピアホール、リサイタル公演にて、創作「こころ」を発表

1996年　ニューヨーク・カーネギーホールにて、創作「神月日の舞」（天・地・人の巻）を発表

1999年　まほのば神舞　設立

この神舞は従来の日本舞踊や神社庁などの宮舞とは違い御代真代香が平成五年五月五日飛騨高山の位山の天照皇大神より御神託を頂き、国家鎮土と人類の弥栄の為に神界にいる木花咲那姫（富士神界の女神であり聖観音の化身）が21世紀水瓶座の時代に地球と宇宙を月のエネルギーにて結びて縄文意識を再活させて、全ての人々の魂の中に宿る神聖遺伝子を復活させ、女性は大和撫子として、男性は日本の弥栄を願い神人として世界の中心・日本（霊の基）から大調和世界平和の波動を神舞を通じて表現していただきたいとの願いを御代真代香に託されたものであり、宗教ではなく文化継承として皆様へお知らせしております。

21世紀人類進化論

この時代は、目に見える世界（物質主義）と目に見えてないけれど存在するものがあると科学によって明らかになりだし、とてもおもしろい時代に私たちは生かされていると思います。これから書きます事は体験談であり、また内容はハリーポッター物語ぐらい膨大でありますが、一部分を書かせて頂く事にいたします。

きっと、これからの時代という空間の地場で目に見えない世界を見たり感じたり、それが神という名であったり、また宇宙へと意識がつながり大きく大きく広がりをみせる時空間を楽しんで頂ける時代に突入した事を感じると思います。すべての空間ではっきりと、お互いの存在を知る事ができる時代なのかもしれませんね。それだけで考えても、わくわくしてきませんか？

私の人生のドラマのひとコマを書かせて頂きます。滋賀県の近江にあります御神山（みかみやま）に登り、山頂で不思議な体験をいたしました。ＴＶ画面の様に目の前で広がり、宇宙から天の浮舟という乗り物で地球へ来て、岩屋という所を通りぬけ神が人間の姿となり降りてきたという場面を見せられた後、里宮へゆき本殿を参拝し祈っておりましたら、本殿の中から地ひびきがするぐらいの、まるで巨大な岩がゴゴーと押し開くような音が鳴りひびきわたり、私は何が起こったのかわからないまま立ちすくんでいましたら、今度は本殿の中……いや岩戸の中からゴジラが出て来るぐらいの大きな足音が、ドスンドスンと私に向かってくるのです。どなた様がいらしたかと思い、うす目を開けてみますと、なんと白いひげをのばされとても神々しい姿の男神の神様がお出ましになられ、スーッと横の小さなやしろへ入れられましたので、おそるおそるどなた様がお祭りされていらっしゃるかと思い、「どなた様でいらっしゃいますか」とたずねると「天照大神」とおっしゃいました。もう一つは、天の橋立ての有名な所であります。「籠神社」へ奉納舞をさせて頂くため前日近くの宿で泊まりましたところ、朝方、だれかに見つめられている気配がいたし、その見つめている方へ意識を向けますと（視野をたどってゆきますと）ずーっと上へ上へとゆき、なんと大きな目と私の目が合ったのです。そして巨大な目に驚き下を見ますと、なんと青い地球、そしてもどろうと思ったとたん、段々と日本列島が見え、その先をたどると籠神社の近くの自分の体へもどってきていたのです。籠神社の龍神様は、宇宙からしっかりと目を見すえて、いつも見守られておられる事を知りました。すごく衝撃的な龍神様との対面であり、忘れる事ができません。宇宙から見た地球は、本当に素晴らしいです。宇宙飛行士の過酷な訓練をテストもせずに体感できた事で、肉体は限界がありますが、魂には永遠の自由がある事がわかりました。

中丸先生、白峰先生、横澤先生、瀬戸先生、あらゆるジャンルを越えた世界の中の先生方と今回対談に参加させて頂き、先生方におかれましても素晴らしい体験をされ、魂の話がたくさんできた事は、読者の方々も楽しんで読んで頂ける事と存じます。今の時代は奇跡や夢の話をしても共感を持ち、理解できる方々がおられ、とてもうれしく思っております。

次のお話は、今話題と申しますか注目されているシャンバラ（地底都市）とテロスのおもしろ話とさせて頂きます。

数年前シャンバラを知り、それは約9年前、神様から会う方がいるから大祭へ行きなさいと神示があり、そちらで白峰先生との出会いがありました。「あなたは、神道はマスターしているが、仏教と宇宙哲学、シャンバラが足りません」と初対面でおっしゃられ、神と宇宙までは知っていましたが、シャンバラの事は情報が入っていませんでした。そして数年後、シャンバラの本を読み途中でやめ寝てしまいましたら、夢の中である不思議な場所に私はいまして、そこには超スピード(今の世界では目に止まらないぐらいの発光体が、いくつもの白光が、グルグルとらせん状に回転しているのです。これは、輝く光……神と表現すべき光でありま す。光の玉が私の方へ飛んできまして、野球選手のように片手で受けとめた衝撃のすごさは未だに感覚で残っております。覚めて次の日に本の続きを読みましたら、なんと発光体の事が書いてあり、夢と本の内容を体感した事に驚きました。その後、夢の中でマスターらしき男の人が私をピラミッドの所へ連れられてゆきましたら、男の人はここからは入れませんので、『この先はお一人でお進み下さい』とおっしゃったので、私はその階段をゆっくり昇り、頂上には目もくらむ光が輝き（モーゼの十戒の話ではありませんが）、思わずぬかずき、ひれふして祈りをささげ、階段を降りてきますと、その男の方がマントを私の肩にかけて下さいました。その男の方は、後でシャンバラのマスターと世界で呼ばれる有名な方でした。それは、ある人から写真を送られてきてわかった事でした（白色同盟団のマスタードリル氏でありました）。

私の地球の地底神界シャンバラの世界からのコンタクトとメッセージはここから始まりました。

今注目されているテロスもそうでした。本を最初1、2ページを読み、仕事で移動のため時間がないので数日そのままにしておりましたら、私は夢の中でシャスタ山の所にいて、山脈の上には青い羽根のあるドラゴンが私を見つめていて、私も下から同じく目と目を合わせておりました。私はこんな若い青いドラゴンがシャスタにはいるんだと思って目覚め、家にもどり読み進めてゆくと、後ろの1ヶ所に青いドラゴンがいると書いてあったのでおどろきましたが、私の場合、37年の修行により、人と会う前とか重大な事は、ほとんど夢で前もってそのものの本質の姿とか正体がわかります。ですので、神・仏・シャンバラ・テロス・宇宙・人（もののけ類、妖界、すべてのランク）が見えてしまいます（笑）。

私が思うところでは、これからの21世紀は目に映る世界や物質だけでなく、すべてのもの一人一人の本質のエネルギーが、顔やニオイで現われてきて、化粧や洋服でかくす事ができなくなってくるのではと思います。皆さまはこの話を読まれ、どう思われる事でしょうか？　臭い男は魂も臭いのです（笑）。

でも、共にこの地球に存在しているのですから、生きとし生けるもの大切な命を通して成り立ち、進化できる希望の地球のドラマの主役としている一人一人である事を、決して忘れてはいけないと思います。目覚め、気づき、進化するという事は、すべての中ですべてが交差し合い、お互いが21世紀を生きる事だと思います。フィクションと言われてきた事が、今まさに科学によりときあかされ、今から真実があきらかにされて行く時を皆さんと共有する時空間の中にいるのです。（2012年問題もしかり）。

最後に、21世紀地球人類進化論、それは「未知との遭遇」ではなく、「真実と

の対面」であると存じます。この本を読まれ多くの皆様に「奇跡」と「引き寄せの法則」が働きますように。私自身、金星からＵＦＯに乗って飛騨高山の位山へ2億年前に飛来した記憶が今でも忘れられません。皆様も、私と同じく時の旅人です。

大和心のいたましさ

私の父は明治・大正・昭和の三代にわたる時代を生きてきた人であり、戦後は八十四歳まで会社経営の現役であり、昭和天皇の崩御とともに八十六歳で他界しました。明治三十五年生まれの父五十四歳の時に生まれました、八人兄弟姉妹の末子が私であります。父はほとんど家におらず、夜中まで仕事を続けていた記憶があり、唯一父との接点は、日本舞踊であります。明治の人らしく常に無言で厳格な父も粋な芸心があり、六十歳近くから日舞を手習いとして始めましたが、父と私の大切な思い出は名古屋の御園座で父が弁慶役、私が牛若丸役で親子で「五条橋」を踊った事や、旅行に行くと芸者衆達に非常にもて、娘から見てもとても酔狂な父でありました。私は日本舞踊三十年の学びから、魂に導かれるまま神舞を創作し、家元として日本全国の神社や聖地での奉納舞をできました事は、今想えば父の背中から言葉で表現できない余韻と風度を常に感じ、常に志を持ち生きていく姿を学んでいたからです。大臣や政治家先生達とも仲が良く、勲章も拝受していた父ですが、いつも「起きて半畳、寝て一畳、天下を取っても四畳半」の心意気でありました。昭和天皇崩御後、父十三回忌の後に、私が仏壇前にて観音経を唱えていましたら、父が現れ、「黒田節、黒田節」と私に踊ってほしいと霊界から話をして来た事があります。

「死んでも酔狂な御父様」

父は私に志と死と詩を教えてくれました。私は父を思い出す時、黒田節を口ずさみ、一人で踊ります。父は私にとって人生の師であり続けております。

「御代栄え
代々木満ちたる
真ほ月夜
代は皇らぎの
香るまほのば」

（まほのば）
まほのばとは地球と宇宙を結ぶ満月のエネルギーによる大地と空間の浄化され し霊地を言い、超古代縄文時代に日本人の意識が蘇り自然と一体になったまほろば（理想郷）が二十一世紀水瓶座の時代に日本を中心に世界へ築かれん事を願うミロクの志と願いを込めた言霊である。

私がなぜ神舞を設立させて頂いたかを、少しですがお話させて頂きます。

あまりにも世の中も人の世もみだれきり、神聖な聖地までも欲心・欲望にて片寄った受取り方により人間の心までも（魂までも）すさんでしまっておりませんでしょうか。幼少の頃から大自然と地球の環境からなげきが聞こえてきておりました。世界や社会にも共通している人類の魂の道は何処に行ったのでありましょう。芸術におきましても芸術の本質を忘れ去り、それを教える指導者の方々でさえ、また知識や世の多くの人は、欲・富・名誉におぼれ、これらを得る事のみに熱中している結果が、今の世を生み出してしまったのではないでしょうか。本来の一人一人の魂のなすべき道（天命）を教えられる人もいなく、教える立場の人達ですら今の世のゆくえに不安をいだく事が多くなりつつあります。自分の魂で何が正しいか何が違っているかを見極めるメキキがいなくなったのであります。情報世界も今までは目にとらえられる物質世界の事ばかりを真実かのように申してまいりましたが、今は目に見えない世界までも科学やいろいろな方法で存在を発見し、見る事ができる世の中の移り変わりを皆様も肌で感じておられる方々もいらっしゃいますが、未だに受け入れたくない人達もいる二面性（二極）の真ただ中に現代の日本人はおります。どれだけ一人一人の個々の存在の意識がいかに大切であるかを知らなくてはなりません。私が神舞を一番最初に舞った時に体験させて頂いた事は、その土地や歴史上のカルマやそこに残した念などが浄化してゆく時にすさまじいエネルギーが突き抜けるのを感じた事でした。また、オハラヒをして頂いた時に、その方の邪気邪念やその時にその方の思った事が生霊として飛んで来た事に、この道を歩むには、メリハリのある道を生き「道」に生きる尊さが一番大切なのだと思いました。そういう立場のある人達さえ自分の日々の波動すら感じ取る事も気づく事も出来なくなっている事に悲しみを覚えました。

言霊は生命の響きであります。大和魂の表現です。

「祝詞は神明の心を和らげ、天地人の調和をきたす言霊であり、だから何でも唱えたら良いというものではない。その言霊が円満明朗であって初めて一切の汚濁と邪悪を払拭できるか、悪魔の口から唱える時は、かえって世の中がますます混乱、悪化する欲心・嫉妬・憎悪・漢望・憤怒で濁っているとかえって悪くなる。天地神明のみにかなった人が言霊を使ってこそ、初めて世の中を清める事ができるのです。」

四国剣山大祭にて神舞奉納

最後に師とは、
詩と志と死を教えたり

☆運命に生きて
詩　ロマン（人生の目標）
知行合一と多逢聖因

☆使命に燃えて
志　志し（人生の目的）
則天去私と自燈明

☆天命に死する
死　死生観（人生の終着駅）

　この三教を以って、「大和心のいたましさ」を表わせり

武士道精神と中今

三教を以って、今の世の中に師に価する人が少なくとても残念に思っています。大和の国まほろばとは（理想社会）を表わし、私の神舞・まほのばとは（宇宙と地球が調和された）弥栄の体現であります。大和魂の復活は、正しい想いと正しい言霊を使う事からすべてが始まります。日本人は、民族の誇りを自覚し、国を愛し精神的にも自立しなければなりません。その精神的なバックボーンとして復活させなければならないのが、「やまとごころ」です。

「大和心」とは「いたましく思う心」の事なのです。

敬白

――「ザ・親父」ＫＫロングセラーズ刊黒田節より

時の旅人

中丸薫氏編

＊この章は、2007年６月に行われたＩＮＴＵＩＴＩＯＮのセミナーが基になっています。

2012年以降に始まる多次元の世界

私はこれまで、闇の権力の事をいろいろな視点から書いてきましたが、このところその力もだいぶん弱ってきているようです。

2012年12月23日から新たな時代が始まるという事もありますし、私がこれまでに書き連ねてきた闇の権力の人たちは、現在の地球と同じような、戦争や暴力が連綿と続き、貨幣が強い力を持っている星に生まれ変わっていきます。

一方、私たちの地球はといえば、心の浄化をされた人たちを乗せたままの状態で、5次元の世界に入っていきます。これは、地球という星始まって以来の大イベントのようです。

ですから今、宇宙のほかの星々からも、たくさんやって来ています。いわゆるUFOもよく目撃されていますが、イラストに描かれているようなおわん型や葉巻型などという形が決まったものばかりではなく、いろんな形態のものが光の連なりのように地球を覆っているという事です。それがまた、私たちの目には見えないようにできているのです。

これはもう、本当に5年先の事ですからね。５００年先とか、５０年先の事ではないのですね。もうすぐ来てしまいますから、自分の心を透明にして、直感力を働かせていかなければなりません。私たちの言葉でいいますと、第六感とか虫の知らせとか、いろいろな言い方があるとは思いますが、宇宙意識とのコミュニケーションという感覚を持って生きていきたいですね。

神の世界、宇宙の法などに意識をフォーカスするといいでしょう。

イマヌエル・カントというドイツの哲学者も、１５年かけて『純粋理性批判』という大論文を書きました。その中で、驚嘆しているものが二つ、この世の中にあると言っています。

その一つは、宇宙の法則です。毎晩、空を見て、あの星々の流れを観察していると、カントでなくても不思議な気持ちになりますよね。地球は太陽の周りを自転して、そして公転するから朝があり、夜があり、四季があるわけです。太陽系そのものも、ものすごいスピードで、ある一定の方向に走っています。星々が全部、すごい勢いで動き回っているにもかかわらず、１００年間で1０００分の1秒のズレしかない。深淵な宇宙の法則があるのですね。

もう一つは、大盗賊のような悪人や、邪悪な人間が、人には分からないからと思って悪事を働くとします。でも、それが発覚しなかったとしても、心の痛みというものは感じるんですね。心の中に存在する悔やみ、痛み……、これはなんでしょう。人間が1００年足らずの間生きて、そのまま灰になって消えてなくなってしまうならば、悪い事でも好き放題やって、せいせいとした顔で生きていてもおかしくないでしょう。しかし、心の中にその痛みがあるというのは、心の法則とでもいいましょうか、そんなものがあるに違いないと考えたのですね。

宇宙の法則、そして心の法則、カントが言ったのはこの二つの事です。これを突き詰めて言いますと、神の存在……、クリエーターであり宇宙創造主の、神の存在を信ずるかどうかという事になるわけですが、理論的にいくら頭でこね回しても、それを理解する事はできない。だから、最後のところでイマヌエル・カントも、それを察知できるのはこの心でしかないという事を言っているわけですね。

ですから、私たちのこの地球上の表面の生活とでもいいましょうか、今の学校教育の在り方など含め、いろいろなかたちで理性や知性を研ぎ澄ませていく一方で、その心とか、情操教育とか、感情の豊かさとか、大事な事がないがしろにされ非常にゆがんだ心を持つ人が多い中で、いろいろな事件も起こっているわけですけれども、21世紀こそは、精神世界への価値観の切り替えがない限り、私たちは生き抜いていけないと思うのです。この日本の現状をふと見渡した時に、やはりここ10年足らずの間でしょうか、かなりの変化が起こってきています。

サイデンスティッカー博士の遺言

先日、たまたまある出版社の方と外人記者クラブでお会いしている時に、編集者の方が、「先生とお会いしてる時は、いつも何か不思議な事が起こるんですよね」と言われました。ちょうどその時に、川端康成さんの「雪国」などを訳されて、その訳文の素晴らしさなどで川端さんのノーベル賞受賞にたいへん貢献されたといわれるサイデンスティッカー博士が、外人記者クラブの中に入ってこられたんです。

私も、もう高校時代から先生にお目にかかってよく存じ上げていたものですから話しかけまして、「先生、いつまで日本にいらっしゃるんですか？」って聞いたのですね。そしたら「いや、もうアメリカには帰りません。私は日本で骨をうずめます」って、おっしゃったのです。

それで編集の方に、サイデンスティッカー博士がもう日本にずっといる、アメリカにも帰らないらしいとお話しました。すると編集の方が、「ああ、その方はもう、世界的な知の巨人じゃないですか。先生、ぜひ対談をお願いします」といわれたのです。

そこで、もう先生にその場ですぐ手帳のスケジュールを確認していただき、対談のアポイントをとったのです。その後すぐ、そのためだけにいらしたかのように先生は消えてしまったのですから、何か不思議な気がしました。

そして対談の日、出版社で帝国ホテルの一室を取ってくださり、そこでお待ちしていたのです。そうしましたら、先生は杖を突いて、もう最後の力を振り絞って来られたような感じでした。

そして、普段はおとなしい先生が、対談の終わりの頃には、「こんなに素晴らしい国、日本を、私が大好きなこの日本を、私の祖国であるアメリカが、めちゃくちゃにしてしまった」とおっしゃるんですね。ブッシュ大統領の事についても、「あのブッシュというばかな人間が」って、こちらもちょっと驚くような口調で言われたのです。そういう思いが、かなり強くあるようでした。

そして、普通お酒はお飲みにならない先生が、珍しく「ビールを」とおっしゃって。ビールと、ちょっとおつまみを取って、飲みながらお話したんですけど、けっこうおつまみも召し上がっていました。その後、次の日の約束もして、その日は普通に帰られました。

次の日、再び帝国ホテルに向かう途中で編集の方から電話がきまして、「先生、サイデンスティッカー先生と連絡が取れないんですけれど」と言うのです。先生を迎えに人を行かせるというので、とにかく私も帝国ホテルに行き、会場で待っていました。

そこへ、サイデンスティッカー先生をお世話している方が電話してきて、「今日、先生の部屋に来てびっくりしました。約束の日だったんですね。先生が手帳に書いてらして、連絡先の電話番号とかも書いてあって、先ほど知ったんですが」とおっしゃるのです。そして、「実は、中丸先生とお会いする時、僕がお昼を作って持ってきたら、先生がこれから床屋へ行くくっておっしゃって。でも、2時のお約束だから、床屋さんへ行ってたら、お食事も召し上がらないで行く事になりますよ、と言うと、いや、もう久しぶりにお会いするし、大切な場だから、ちゃんと床屋さんに行ってからにする、とお出かけになりました。あとで来てみたら、やはりご飯を召し上がらずに行かれたようでした」とおっしゃいました。

前日の対談の帰りに、先生に「上野まで送ってください」と言われましたので、車で誰かが送りまして、その後、お友達とお約束があったらしいのですが、その車を降りてすぐ、倒れてしまったそうです。

それで、先生は救急車で運ばれて、実は今も集中治療室にいらっしゃるという事で、もう私もびっくりしました。前日は、本当に最後の力を振り絞って来てくださったんだなと感慨深く思っていますと、先生の守護霊が来てくださって、「文学者である私は、大きな声を出して日本を批判したり、アメリカを批判したりはできないけれども、薫さん、あなたにだったら、それを託せる。どうにかして日本を立て直してほしい。頑張ってほしい。あなたを高校時代からずっと見てきて分かっているが、あなたは両方の国を知っているから、できるはずです」と言われたのです。それで「今、どんな状態ですか?」と聞いたら、あの世へ帰ろうか、この世にとどまろうかってちょっと迷いながら、心の反省に入っていると言うのです。

先生は、明治の作家の樋口一葉がお好きでした。日本文学者として源氏物語の56巻を全訳した方でもあります。本当に樋口一葉が大好きで、樋口一葉が住んでいた湯島に、わざわざマンションを買われて住んでいらっしゃったほどです。

私も霊的な体験のあとで先生の事を見守っていて分かったのは、先生は、平安時代に山之上憶良でいらして、指導霊として上から樋口一葉を導いていたのですね。だから、国籍はアメリカ人であっても、日本文学者として生きていらした。

今回の対談でも、そういうお話から始まって、それを素直に受け入れられていました。いろんな時代にわたり先生は文学者であり、クレオパトラの時代でしょうか、ローマでは、キケロとして非常に辛辣な社会批評家としても活躍してらしたのです。

それで、今生で日本の敗戦が決まってから、先生は最初に長崎の港に着いたのですね。その時に、海外から日本の兵隊が帰ってくる姿を見て、「何てすごい民族だろう、これだけの敗戦をして、これだけ戦って、これだけ誇り高く自信を持って、人間の尊厳を大切に持って帰ってくる、この日本民族というのは何なんだろう」と、関心を持たれたそうなのです。そこで、日本やこんなに素晴らしい民族をもっと知りたいという事で、日本文学を勉強し始めたのですね。ある程度アメリカでも日本語を勉強してらしたわけですが、東大に入って日本文学を徹底的に学ばれました。その、終戦間もない、日本が荒廃している中、浅草とか下町と呼ばれるようなところ、立ち入り禁止の札があるようなところでも、興味深く、くまなく歩いたのです。そして、庶民の生活に触れられて、本当に日本人を愛してらっしゃいます。

私も先生の住まわれる湯島の近くの、小石川高校に通っていました。その頃は、反米を主とした学生運動が盛んで、2年生から生徒会長として、日比谷高校、新宿高校などの生徒会長、学生委員などと集まっていたのです。そうした折、やっぱり外に出て勉強しないと、日本の事は分からないんじゃないかという思いが強くなり、じゃあ、どこの大学に行こうかと思案していました。

その頃には、もうサイデンスティッカー先生はラジオで日本についての評論もしておられましたし、日本文学も世界に紹介してらっしゃったのですね。

そんなある時、私の英検受験を助けてくれたアメリカ人のカーペンター教授夫妻が、「サイデンスティッカー先生にお会いされたらどうですか？」と勧めてくださったのです。その方の紹介で先生にお会いしたのですが、私の相談を聞くと先生は言われました。

「ネクタイをどれにしようかとか、そういう相談なら受けられますが、あなたの将来を大きく左右するような、どこの大学に行こうかなんていう事を私が助言するのは遠慮したい。あなたの心の中では、そんな事は全部分かっているような方なんだから、自分で決めるのが一番いいんですよ」と。

それならば、国連もニューヨークにある事だし、コロンビア大学にしようと決めて留学しました。

ポイント、ポイントで、けっこう先生にお会いしているのです。留学の前にも、たまたま私の母とも友人関係にあった政友会総裁の久原房之助さんが、現在は椿山荘になっているその方の屋敷で送別会をしてくださる事になったので、サイデンスティッカー先生もお呼びして、いっしょに写真を撮ったりもしました。

帰ってきて、『太陽を追って』（文芸春秋）という私の自叙伝が出版され、帝国ホテルの孔雀の間で1000人ぐらいでパーティを行ったのですが、やはりサイデンスティッカー先生が、ご挨拶してくださったのですね。先生がその本の前書き、イントロダクションを書いてくださったという関わりもありましたから。

その先生が、世界で一番素晴らしい国と思って、自分の骨まで埋めようと思って日本にやって来たのですね。しかし、大好きな日本が今、ボロボロにされかねない。それを見るに見かねて、守護霊に突き動かされるように、杖を突いてやって来られたのです。

２回目の対談を待っている時にそれを知らされたので、出版社の人も一緒になって、これはもう本当にいい本に仕上げていかなければ、先生のこんなにも深いお気持ちを伝えなければと、意を強くいたしました。

先生は文学者でいらっしゃるから、闇の権力が今のアメリカを動かして、そのアメリカが日本をこんなふうにしてというところまでは分からないわけです。しかし、私はたまたま専攻が国際政治という事もあり、世界１８６カ国を歩いてきています。ですから、その過程で、そういう闇の権力といわれるような人たちにも一通り会う事ができ、全部分かってきたのです。

しかも、１９７６年に霊的体験をした事によって、人類誰でもが、宇宙創造神の光の一部分を分け御霊として心の中核に抱いたものである事が分かっているのです。魂の中心になる光を持った、良心の輝きを持った存在こそが人間です。誰でもが神の子であるという、この縦のきずなですね。同時に、人間の魂は永遠なんだ、死なないんだという事を、身をもって体験していたのです。

１９７６年を境にして、中東の地で祈りを捧げている時の非常に大きな光の体験によって、数千年前、自分がいつどこに生まれて、何をしてたという事まで全部分かったのです。人間の命というのは永遠なんだという、この横のきずな。

神の子であるという縦のきずなと、永遠の命であるという横のきずな、このクロスされた部分を、私たちがスパッと心の中心にはめ込んだ時に、これからの5年間、どんな激動に見舞われようとも、私たちは大いなる羅針盤を心に抱いた者として、立ち上がっていけるのです。それが、一人一人の意識改革につながっていくのではないでしょうか。一人一人が今、自分が何者であり、この地球に何のために生まれてきているのかが分かるかどうか。一人一人にもたらされている使命というものを、本当に分かるのかどうか。今は、そういう時なのです。

その時までにすべき事

今、この地球上でいえば、2900万人の人が意識改革といいますか、心が開いている状態です。この地球上で、これからのアセンションに勢いをつける、その臨界点の数字が５５００万人です。今、２９００万人ですから、まだまだなのですね。

そこで私は、日本人の１０分の１の人たちが、心目覚め、太陽のような心を抱いた時に、一気にこの日本が変わると思うのです。日本における臨界点は、１０分の１の人たちなのです。この日本が一気に変わった時に、５５００万を突破するのはもう簡単です。

２０１２年１２月２２日の真夜中から、光の粒子のフォトンベルトに入っていくという事。これは神の意志なのですね。ここまで堕落してしまった地球上のこの生活が、宇宙的イベントによって一気に5次元に入っていく、そのように神の世界では決められたようです。

ですから、そんな事は自分に関係ないとか、悪がこれだけはびこっているんだし、意識改革なんて無理、仕方がないというような気持ちでいる人たちは、その低い意識のままその日を迎える事になってしまいます。誰も強制する人はいないわけですから。そしてまた、この地球と同じような暴力と戦争と金まみれになっている星に、自らの選択で、まとまって生まれ変わる。このような事が皆さんの腑に落ちていれば、自分はどっちの世界に行くのか、明確になると思います。

オスカー・マゴッチのUFOの旅

ところで、オスカー・マゴッチさんという方がいらっしゃるんですが、何年か前に日本の出版社の招待でいらして、私も昼食を共にする事がありました。

その方は、二十数年にわたって毎月、UFOに乗せられて全宇宙を回っていらっしゃるのです。彼が言うには、カナダを飛び立って最初に行くところがチベットの上空。上から見ると、何でもない普通の山の上空へ行った時、UFOで降りたつと山の中腹が開いて、お坊さんたちが十人ぐらい出て来て、彼を連れて地下に入っていったそうです。

山の中腹からかなり下に寺院のようなものがあって、聖者といわれるような方たちが全世界から150人ぐらい集っていました。5時間ぐらいの間、ものすごい読経の中に座らされていたそうです。すると、この読経の言霊の光によって、一人一人がすべて光の粒子になった、レントゲンを通せばスーッと見透せるのと同じように、壁でもスーッと通るような光の粒子になったのです。

その後、またＵＦＯに連れて行かれて再び飛び立ち、銀河系宇宙まで旅をしたという事を本人から聞かされました。

２０１２年１２月２３日以降の世界というのは、そのようにものすごく細かい光の粒子、フォトンの世界に入っていくのですね。肉体的な部分、ＤＮＡにまで影響を受けるのでしょう。

地底に住む人々

そして、地底にも人が住んでいるのです。太陽系の惑星というのはどこの星々も、例えば火星にしても、土星にしても、月にしても、むしろその表面の文明、表面の生活はもう終わっていて、人はそれぞれの星々の中の空洞に住んでいます。ちゃんとした生物が住んでいるのです。そして、この地球の中にも人が住んでいるという状態ですね。

私は、船井幸雄さんとの対談の中でも、明らかにその事を伝えておりますけれども、地底には北極と南極から入れるようなところがあります。また、ロスアンゼルスのシャスタ山の下に光の都市といわれるところがあって、そこにはアダマという、たいへんな高僧と言われる聖者がいらっしゃる。

ちょっと離れた都市には、かつてクレオパトラの時代にアレクサンドリアに有名な図書館があったのですが、そんな図書館が地底にあるのです。そこには宇宙的なスケールのデータがあります。私たち一人一人の人間には肉体先祖と魂の先祖というのがあり、その魂の転生の過程、過去世も、その図書館でポンとボタンを押すだけでぱっと全部が出てくるのです。そこの館長としてミコスという男性がいらっしゃるのですが、彼らは地底にいながら全宇宙の事も、地球上の事も、全部分かっているんです。

私自身も一番驚いた経験は、何人か友人が集まって、白浜で海を見ながら瞑想したり、地底の人や宇宙、ＵＦＯの事などをお話していましたら、いきなり、「地底に

もいろんな意見があって、2012年12月23日から地底から上に出ていくというのもまだ決まったわけじゃないから。そんな事まで話さないでほしい」という干渉があった事です。こんなところでの話まで、何で聞いているんだろうというぐらい、そういう方たちは宇宙的なテレパシーがあり、地表の動きなど全部分かっています。モニターしているといいましょうか。

では、宇宙からはどうかというと、クエンティンさんのお話はたびたびしていますから、私の講演を聞いた方はご存じかと思いますが、クエンティンさんにしても、宇宙から絶えず私を見守ってくださっているようです。

以前、ニューヨークまで行く用事ができて、でもいろいろな都合から出発を迷っていた事がありました。その少し前に、ワシントンのイラン人女性の友達から、「アメリカに来るんだったらとにかく気を付けて。今、ワシントンの空港が、テロがあるという通報で閉鎖していたり、私の妹もイランに飛び立てない状況だから」と電話があったのです。

するとクエンティンさんが、「アメリカ、ヨーロッパは、すごく危ない状態だから行かないほうがいい。あなたの友人も、ワシントンから電話してきたじゃないですか」と言われるのです。まさか盗聴じゃないですが、そんな個人的な電話まで宇宙から分かるんですねと驚きました。全部、下からも上からも見守られている、そういう事なんですね、と驚きの連続です。そのくらい、天と、地と、地底といっしょに、今私たちは歩んでいます。

太陽系の惑星の中で、地球が一番遅れているようです。アセンションしていないのは地球だけ、というお話もあるくらいなのです。ほかの星々はみんな、星の中の空洞に住んでいるのです。

ですから、月の表面だけ見て人が住んでいないとか、火星にも金星にも人は住んでいないと思っている。本当は、地表の厚さにして1、6キロぐらいでしょうか、その中には海もあるし太陽もある。

彼らは、肉食はしないそうです。ほとんど自給自足のお野菜で、お水もものすごくきれい、空気もものすごくきれいで、年を取らないような環境です。素晴らしい文明、本当にそこは天国ではないかというぐらい、何万年でも生き続けられ、それでもみんなが、地球でいう30歳から40歳ぐらいに若く見えるという状態です。

皆さんは、レムリアという言葉はご存じかと思うのですが、レムリアの時代、戦争があったり、アトランティスが沈んだりしていく中、一部の人が地中に入っていって、そのまま住み着いているという事もあるようです。海がそのままつながっている場合もあるのです。

過去に、漁師の親子が船で嵐に見舞われて、気が付いたらすごく暖かいところにいたというお話があります。木もすごく大きいし、人間も2mとか、ずいぶんと大きい人たちがいたそうです。バナナなどの果物にしてもすごく大きくて、驚いたのですね。

そして、1年ぐらいそこで過ごして帰る時、北極のほうから出ようと思ったら出られなくて、南極のほうから案内されて出たのですが、途中の嵐でお父さんは亡くなってしまいました。息子だけ助かって、陸地に戻ってからその話をしたら気がふれたと思われて精神病院に27年ぐらい入れられましたが、精神病院から出された時に、ある作家の人にその話をしたのです。そしてその作家が文章に起こし、それが今はけっこう、世界に広まっている地底の話となりました。

あとは、皆さんも聞いた事があるアメリカの軍人、バード将軍は、やはり北極の向こうに何があるんだろうとその入り口から中に入って、生活してという体験記を書いています。それも、実は残っているのです。

今の地球の表面の様子だと、地底から出てきてもすぐに殺されてしまいそうな、暴力がみなぎっていますよね。中東の様子を見れば分かるように。すぐに出て行けるような状態ではありません。

ただ、意識が透明で、心の調和もとれている人とは、少しずつコミュニケーションをとって、そういう人たちに迎えられるならば、外のどこかでお会いしてもいい、あるいは、お呼びして中に入ってもらってもいい、そんな事を言ってらっしゃいました。

「では、この地球上でというか、この日本で特にエネルギーの強いところって、どこなんでしょうね」と図書館長のミコスさんに聞いた事があるのですが、日本に来た事もないのに、長野の分杭峠と山梨、富士山の近くの瑞牆山(みづがきやま)がすごくエネルギーが強いと答えられました。

でも、そこから地底に入るわけにはいかないのです。ただ、地底からのエネルギーが漏れているというか、噴き出ているというか、すごいエネルギーがありますとおっしゃっていました。

船井さんとの対談本で、その事にもちょっと触れましたら、分杭峠や瑞牆山（みずがきやま）に行く人たちも増えているようですが、地底の方々も、本当によくいろんな事をモニターしているんだなと思います。アミノ酸を使ったコンピューターという言い方をしていました。宇宙的スケールで、自由自在にどこでも行けるし、テレパシーも飛ばせるし、地球だけではなく宇宙の事も全部を含めての壮大なる歴史を、絶対に消えてなくならないものに、ずっと書き連ねているという事も言っていました。

この地球自身、6回ぐらい壊滅状態に陥っているのです。次は7回目なのです。最終ユートピア建設の使命を帯びて、私たちはこの地球にこうやって生まれてきています。

心の設計図を開く

ですから、特に日本人として今回ここに生まれている方は、一人一人の意識を、心の中の設計図を、皆さんがご自身で掘り当ててください。そして開いていってください。それは、ご自分にしかできないそうです。何をどうやるのか。私も人間復興を通しての世界平和、ワンワールドがあなたの使命と言われたけれど、では、どうやるのでしょうか。それには、心を浄化していくしかないのです。

私も、１９７６年以降、忙しいマスコミを全部引きました。これからいよいよ本番が始まりますので、宇宙ともテレパシーで交信したり、自分の心の奥底まで見詰めたりできるように、心の浄化をやってきました。

皆さんも、周りに起こる事に関して、例えば困った事が起こると、英語で言う「how」、ハウツーものが流行っているのと同じように、どうやって切り抜けようかという事に専念してしまいますよね。何か、たいへんな事が自分に迫ってくる、例えば、失業しそうだというとパニック状態になって、何が何でもそれを回避して、どうやってそれを乗り越えて、どうやって新しい仕事を探して、どうやって……と、ハウツーのほうに傾いていく傾向が、特に20世紀までは顕著だったと思います。

ですが、本当の心の浄化を目指して、一人一人が神と約束してきた設計図を真剣に掘り起こして見ていこうとするならば、「how」ではなく、「why」なのです。どうして、なぜ今、私が失業しそうになるんだろう、この理由は何なんだろう、なぜだろう、というなのです。

どうやってこれを乗り越えようではなく、なぜこんな目に私が遭うんだろう、なぜ今、こうした状況なのかという事にフォーカスするのですね。すると、ああ、そうなのか、神の愛のエネルギーを良心の輝きとして持っているわけだから、この魂をいかに強き魂として、そして愛ある魂として、どんな事があっても乗り越えて、この魂をより大きく、より豊かな愛ある魂としていく事が、この地球に生まれて人生最大の目的なんだと分かるのです。

そうなれば、失業しそうだという事で、パニックになる必要もないのです。ああ、このお仕事から学ぶ事はもうないっていう事なのかなという理解もあるでしょう。

それだったらもう別の事をしよう、自分の弱い部分、例えば日常的に繰り返すような仕事を自分が苦手とするならば、そこを乗り越えられるような仕事にあえて就くとか。あるいは、クリエイティブに、独創的にやっていくようなところがちょっと弱いなと思ったら、収入が少なくなっても自分の弱い部分を育ててくれるようなお仕事に就くなど、内側を見つめていく事なのですね。

なぜ自分がそのような場に立たされているのか、また、降りかかっているいくつかの問題を、5項目ぐらい書き取ってみてください。そうした見方で、それをどうやって乗り越えていくかを考え、まずその一つ一つについて書いていく。でも、「どうやって」だけでは、本当の深いところまでは入れないと思います。どうやってというのを考えてみたあとで、次は、なぜこういう目に自分は遭っているんだろう、どうして、なぜ、という事を掘り起こしてみます。

そうすると、自分に突き刺さるような感じで今差し迫っている、ちょっとまずいな、ピンチになりそうと思っている事が、実はピンチではなく、すごいチャンスなんだと思い至るようになります。人生というのは、修行をしていく場所なんだという事が分かった時に、ピンチをチャンスに変えることができるのですね。

どうやって乗り越えよう、という意識でずっといますと、どんどん落ち込んでしまいますが、なぜ自分がこんな目に遭っているのかが分かった時に、自分の深いところに触れ、新しいビジョンと勇気が湧いてくるのです。

先日、ある出版社の社長さんにお会いした時に、そのご様子を見て私が「何か今、体の調子がよくないんじゃないですか」と聞いたのです。すると、「なんか、もうがたがたなんです」との事でした。「今、休息をとらないと、あなた自身が神様と約束して、使命となっている事が、何もできないままになってしまいそうに見えますが、いかがですか」と言ったら、本当に自分でもそれを感じていると言うのです。仕事が大好きで、難しい状態をいつも自分でつくって、休暇もなしに、仕事人間としてやり続けている方です。医者に行くたびに「そのまま放っておくと、ここのガンになりそう、あと、ここのガンに……」といろいろ言われているというのですね。

「言われているじゃやすまないですよ。今思いきった休暇を取らないと、せっかくの使命も見失ってしまいます。本1冊でも、それが人の人生を変えるくらいの力を持っているんですから、もうちょっと自分の使命というものに対しての感覚を研ぎ澄ませなければ。何のために本を出すのかを見極めてください。人間復興に向けたこの激動の時代、これからが人生本番だっていうのにどうするのですか。ここで休暇を取らないと、本当に駄目になっちゃうみたいですよ」と申し上げましたら、かなり素直に聞かれていました。やはりいろんな時代に身近なご縁があって、いっしょに人間復興のお仕事をやってきた方なんだなという事を、私もあらためて感じましたね。

ただただ突っ走ってきて、病気になってしまう。病気になると、どうやって乗り越えようという事だけで、どうしてこんなふうになったのかまで考えないのですね。

この方の例でいうと、ただ、乗り越えよう、乗り越えようだけで頑張ってしまうけれど、体調などが悪い状況という事は、そこでやっぱり休めという事なのかなと、内側を見る力がほしいですね。ここでゆっくり休みなさい、そして心の中を見取って、自分の人生が何のためにあるのか、会社の社長というだけで、ただ一生終わるのではなく、本当に大切に、この社長の立場でやらなくてはならない事はいったい何だったのか、ただ本をたくさん売って、利益の上がる会社にしてという事ではなく、1冊1冊の本が人生を変えていく、人の心に灯火をともしていくような本を作っていくというそのために、こうやって会社の社長にならされているのかなというところまで思い至るよう、その社長は問いかけられているわけです。

ただそれを乗り越えようとして、とりあえず医者に行く、手当をする、薬を飲む、それでだましだましのようにここまで来たけれど、もう守護霊はこれ以上守りきれないと、本当に体を休めないと駄目だよと、言ってくれているのです。

ですから、病気も一つのチャンスです。困った、困ったではなくて、「そうか、私の心が、ただむさぼりつくように仕事にしがみついてるから、ちょっと休んでゆっくりと心の中を見取れるように、病気というものが目前に迫っているのかな」と、このように理解できればすごく生きてくるわけです。

もう一人、いっしょにいらしてた方も、非常に優秀な社員でしたから、「こういう優秀な社員がいるんですから信頼して任せて、社長としてはもうちょっとゆったりと、緑の中、海の近くとか、大自然に浸って休まれたらどうですか」と申し上げました。

するると、もうなんとなくそういう体勢は整っているっていうんです。でも、「自分でも、やるだけの事はやっている。だから、自分はこのままでいいんだと思っちゃって……。なお突っ走るようになっているんですけど」と言うのです。

けれども、そうじゃないのです。人生というのは、自分自身が何を神様と約束してきたのかが大事です。人生は、やっぱり挑戦だと思うのです。

松下幸之助氏の過去世

もう亡くなった方ですが、松下幸之助さんの人生。松下さんをほかの経営者と比べれば、「あの方は大したもんね。あれだけの企業を無からつくって。そして人にもお役に立ちたいという意識を持たれていて」と、そんなふうに見られていると思います。

でも、松下さんはもっと大きな事を、神様と約束してきていたのですね。今生は、宗教で食べている人たちではなく、普通の職業を持った人たちが心を解いていく時代に入っている。だから、そういう人たちと一緒になって、本当の人間復興を担っていくという約束。

彼の過去世は、12使徒の一人、ルカだったのです。かつては漁師ですから、お金もなかった。でも今回は、日本が21世紀、2012年以降は、世界を引っ張っていくのです。その日本に、大きな魂の人たちが生まれてきています。松下さんは日本に生まれて、天上界は財産をつくってあげる。その財は、そういう人間復興を頑張って進めていくためのものだったのです。

松下さんのところに国際PHP研究所というものがあって、彼がそこで私の著書をご覧になったそうなのですね。それは、世界で出会ってきたいろいろな人たちについて描いた本でした。そしてある編集者から、「へぇ、世界中のこんな人たちに出会って活動している人がいるんですね」と、松下さんがすごく驚いていたという事を言われ、その後、私も松下さんにお会いしていています。ご招待もしていただきました。

彼は、いろいろな神社仏閣に、もう1億も2億もするようなすごく立派な茶室を12ぐらい寄付しているんだそうです。でも、ご自分の心の中では、最後まで何かをやり残していると、ちょっと分からないが何だろう、何だろうと思いつつ、松下政経塾とか、PHPとかいろいろなさっても、何か違う、何かやり残しているというお気持ちだったのです。

でも、そのルカなる魂を持つ松下さんご自身は、生命は永遠で、輪廻転生の中で降りてくるものの意識が開いた時に人に入って、キリスト教では異言というのですが、元々備わっている過去の言葉でお話するという事が分からないのです。松下さんの守護霊が、「松下さんは分からないと言ってます。こうして最後まで、本当に何としてでも知らせたいけれど、分からない、無理です」とすごく嘆いておられたのを、最後のころ拝見していましたが……。

だから、人とは比較できないという事なのです。自分自身で、何か空虚だ、何か忘れていると感じるならば、なぜ、どうしてという問いをもって心の中をもっともっと掘り下げていけば、素直にそうしたコンセプト、永遠なる生命、輪廻転生が分かってくるはずです。

しかし、そうした事も分かる人たちが今、おおぜい日本に生まれていらっしゃるわけですし、この時代の意識改革、人間を通しての世界平和の一翼を、松下さんも担っていくはずだったのです。でも、それもなしに、あの世へ帰られてしまった。家族がいらっしゃらず養子を迎えられて、２８００億円近いお金も、そうした事には活きなかった。あの世へ帰ってからのそうした反省というのは、かなりたいへんな世界になると思います。

自分自身がどういう事を約束してきたのか、自分とはいったい何者なのかという事を、掘り下げて、掘り下げていく。そして、自分の良心の輝きを、第三者の目として取り出してみる。自分の良心の輝きというのは、神の分け御霊を受けているわけですから、愛そのものなのです。神の目で、見るという事なのです。

そうすれば、例えば過去に起こった友達との仲たがい、切ってしまった友達との思い出についても、今の私ならば、もっと愛ある豊かな心で、相手の立場を考える事ができるのに、あの時はなんであんなに強い言葉で切ってしまったんだろう、ごめんなさいねと思えます。その思いが、相手の心を癒やしていきます。同時に、自分の心も癒やされるのです。その今日までの反省を全部、やってみる事ですね。

魂の先祖といわれる兄弟たち

でも、心の中ってどうやって入っていくのかな、難しいなと思われる事もあるでしょう。誰もがこの世に生まれてくる時、魂の段階で、お母さんになる人のところに行って、私の「お母さんになってくださいね」と約束を交わすのです。お父さんになる人とも「お父さんになってくださいね」と約束して、この世に生まれてくるのです。その2人がもし結婚しなかった場合は、だいたいの人はお母さんの縁のほうに付いていきます。そして、人はお母さんのお腹の中に十月十日いて生まれてくるわけですから、お母さんとのご縁というのは一番深いわけです。そのお母さんとの思い出を、5歳ぐらいから、5歳では難しかったら10歳ぐらいから振り返って、お母さんにしていただいた事を、静かなお部屋で一人、書き取るなり、瞑想するなりしながら思い出してください。ご自分の心の玉手箱から、お母さんの無償の愛のかけらを、宝石のかけらを拾うように集めていってください。

皆さん一人一人には、魂の先祖といわれる兄弟たちがいます。守護霊という言い方もあるし、指導霊という言い方もありますが、5人の兄弟が、あの世から皆さんを24時間体勢で見守ってくださっているのです。

ですから、一人でそういう反省をしたいと思う時は、肉眼で見えなくても、聞こえなくてもいいですから、私の魂の兄弟たちよ、どうぞ私を応援してくださいね、一緒に助けてくださいねとお願いして、反省に入ってください。そうすると、普段には気づかないような事も、どんどん思い付いていくようになるのです。

お母さんに対して、私はどんな感謝の心を表しただろうと内省する時に、ほとんどの人は愕然とする事でしょう。たいていは、なんて感謝の足りない人間だったんだろう、親にやってもらうのは当たり前と思っていたなという、申し訳ない気持ちでいっぱいになる事でしょう。そのように反省していく中で、無償の愛という言葉が丹田の奥底から沸いてくる……、感じ方がまったく違ってくるんですね。感謝という言葉が、腹の底から沸いてくるような感じになります。どんどん、どんどん感じ方が変わってきます。お母さんとの間にあったいさかいなどが思い出されて、お母さん、本当にごめんなさい、自分中心の気持ちでわがままを言ってしまってごめんなさいねという思いになるだけで、重たかった荷物が心の中の暗いお部屋の中から消えていき、それによって心が浄化されるのです。

　そして、頭の中の黒い煙を追い出すような、黄金の光が入ってきます。暗いお部屋の中の荷物が一つ片付きますから、その明るい光によって、もっともっと細かいところまで見えてくるのです。小さなちりまで見えてきます。反省というのはそういうふうに、少しずつ、少しずつやるもので、もうこれでいいという事はないのです。

　また、私には反省する事なんかないわ、今まですごく幸せできたし、何にも問題はなかったしというような方は、その事自体が問題です。心を見取っていく力が付いていないという事ですからね。

　これから、１日３０分でもいいのです。一人の部屋で、寝る前など、いつでもできますね。あるいは乗り物に30分間、乗るような事があれば、目をつぶっていくらでもできるわけです。人を待っている間などもできます。

そのように時間を有効に使い、反省が済んだ時に、意識が急速に広がっていくような感じになります。私自身も、深呼吸をしたくなるようなすごく明るい気持ち、ダイナミックでエネルギーが沸いてくるような気持ちになります。

これは一人でできる事ですから、神様が人間に与えてくださった、大きな賜物の一つなのです。動物とか植物などには、反省する力というのは与えられていないのですね。臨死体験をした人の多くが、魂が抜け出してトンネルを高速で進み、そこを出た途端に白い光が近寄ってきて、素晴らしい光だ、連れて行ってほしいと思った時に、目の前に立体のモーションピクチャーで、それまでの人生が全部映し出されたと言います。ほとんどの人はそれを見て、目を覆いたくなるのですね。

こんな事も、あんな事もしてしまった、あんなにみにくい自分がいると、恥ずかしくなり、早くその白い光に連れて行ってもらいたいと思うのですが、その光は、あなたはまだ神様とお約束した使命を果たしていませんとか、あなたの寿命は来ていませんなどと言います。そして、病院のベッドなどで、心配している親族や病院の先生に囲まれた痛い体にまた戻された、などという、だいたい同じ事を皆さん言ってらっしゃいます。

モーションピクチャーを見せられて、人生を反省させられる、つまりあの世で誰に裁かれるのかといったら、自分の良心、真我そのものなのです。しょうがないね、100ワットのエネルギーを今生で使おうと思ったのに、60ワットしか使わないで帰ってきてしまった、もう60ワットのところに行くしかないと判断するのは、自分の魂、自分の良心の輝きなのです。

でも、生きているうちに良心の輝きを第三者の目として内省し、心を浄化していけるのならば、こんなにありがたい事はないのではないでしょうか。

心の浄化――永遠の生命を自覚する

2012年、心の浄化ができた人たちからは、みんな光が出ているのですね。宇宙連合と一緒にやっていく事を、ある時に気が付くのです。

しかし、フォトンベルトを通る時にものすごい強い電磁波を受けますから、この地球上にある原子炉が溶けてしまう可能性があるというのです。この日本だけでも、51も原子炉があります、そうなると、地球は非常に住みにくいところになるかもしれない。しかし、心の浄化ができた人たち、光が出てきている人たちは、空中携挙といって、一瞬にして吸い上げ、この地球が奇麗に収まるまでは宇宙船に乗せる用意も全部できていますという事も言っておられます。

本当にこの5年間、すごい激動期に入っていきますが、心の浄化に努めるという事は誰のためでもないのです。永遠の生命を自覚した時には、何の恐れもなくやっていけるじゃないですか。

そしてもう、500年も先の話ではなくて、たった5年間ですよ。そのチャンスを逃したら、また何万年、何十万年も待たなければならないかもしれない。

この地球、始まって以来の大イベントだと上からも下からも言われておりますので、あとは皆さんの心の判断です。その選択によって、1日、1日を魂の感覚で、一瞬、一瞬を大切に生きていく。時の旅人として、きょうから新たな旅立ちを、皆さん、ご一緒にしてまいりましょう。

時の旅人

白峰氏編

国家鎮護8000枚供養祈願

時間は一定ではない

今回のテーマは「時の旅人」ですが、皆さん、「時」とはいったい何でしょうか。鳥の「トキ」じゃないですよね（笑）。自分にとっての時間とか「時」って何なのか、考えた事はありますか。

「時」という漢字を分解しますと、「日」と「寺」ですよね。なぜ「寺」と「日」で「時」を表すかというと、昔は寺の鐘の音で時間を知らせていたのです。今、日産ではカルロス・ゴーンという鐘の音が聞こえますけれども、その鐘とはぜんぜん違うのですが（笑）。

この「時」というものは、人間の「日の出」と「日の入り」を表しているのですね。お寺の鐘とは、例えば1時間おきについたり、時計のような役割をするわけではありません。朝日が上がって、太陽が沈む、この時に鐘を鳴らしていたのです。

ですから緯度、経度が異なる場所では、「日の出」と「日の入り」の時間はぜんぜん違うのですね。北海道の「日の出」と、東京の「日の出」、「日の入り」も違います。

このように時間とは、実は一定ではないのです。時間の尺度というものは、まったく一定ではない。

例えば、時間の振動する時間。「時＝9192631770」。これは、1秒の長さです。1秒間にセシウムの原子が振動する時間。数字で表すと、こんなに面倒くさいのですね。桁が多くて、ややこしいでしょう。

とりあえず今、皆さんは1年が365日という設定で生きています。精神世界の中では、「いや、違いますよ。私は1年を260日の周期で生きてますよ」という方もいらっしゃいますね。これは、太陰暦、マヤ暦ですね

通常の太陽暦、「グレゴリオ暦」が12カ月で、このマヤ暦が13カ月。実際に、異なった周期で生きている人もいるのですね。マヤのカレンダー、月の暦に沿って生きている方は、それによる変化を感じる事もあるそうです。

そして、これだけではありません。もう一つは「時」の表現です。年号というだ

けでも、たくさんあるのです。

まず、皇紀。これは分かりますね。日本人だったら、ぜひ皇紀を使っていただきたいです。皇紀は日本の神武天皇以来の年号で、２００７年は２６６７年といわれています。紀元節の話ですね。

次は、平成１９年。平成の御代になって１９年という表現ですね。天皇さまが即位された時に年号も新しく制定されます。崩御なさいますと、今度は新しい年号になるわけですね。年号も「時」を表しています。

3番目は、これは俗にいう西暦、キリストの生誕の年が原点です。

そして4番目、６６７１。これはシュメール紀といいます。あんまり使われていませんがシュメール紀は、紀元前４００4年から始まっていますから、２００７年は、「６６７１」になるわけです。

それともう一つ。番外ですけれど「５７７２」が分かる方はいらっしゃいますでしょうか？　私だけかもしれませんね。これは、中丸先生の事務所の電話番号です(笑)。実は、**この「5772」というのはたいへん意味が深いんです。イルミナテ**

ィの発祥の年号なんですね。それを中丸先生は事務所の電話番号として使っている、これも何か意味があるのでしょうね。イルミナティ、その世界で光の住人といわれているのは、ＢＣ４００４年からの歴史なのです。

つまり、古代シュメールの紀元節で生きている方と、西暦で生きている方と、平成の年号や紀元節の皇紀を使っている方、いろいろあるわけですね。人生いろいろです。しかし、これらは全部、「時」を表しているわけです。

では、「時間」とはいったい何なのか。時間というのは「時」の「間」ですね。「時」とはいったい何なのか、皆さんあらためて考えてみてください。例えばこれが分からなくても、１年を３６５日ではなく、１年を２６０日のマヤ暦の周期で生きていると、体のバイオリズムがまったく変わってくるのですね。

実は、書けないぐらいにもっと、時間軸というものはあるのです。

例えば、地球にヒューマノイド型の人類が降り立ってからの時間軸は、５６億４３２０年です。１万年前、１０万年前、１００万年前、１０００万年前……というような、そんなものではないのですね。

とりあえず、これを本当だとした場合、地球は46億年の歴史といわれていますから、この46億年を引いてみましょう。そうすると、10億年という時間が余るでしょう。それでは、この10億年の間に人類はどこにいたのかというと、実は地表ではなく、地底や、太陽系の中で俗に言う宇宙船の上で暮らしていた時間なんです。

地球の創造期は、異常気象などでまったく落ち着かなかったのですね。

ですから、宇宙から降りて来ても、危ないと思ったらまた近くの星に逃げたり、地球の周りをぐるぐるしていた時間がこれくらいあるそうなのです。10億年も宇宙空間にいたとすれば、われわれは現在、とりあえず人間の格好をしていますが、初期は宇宙で生命形態の進化をとげたというのが正解なのですね。

そして、この地球の歴史については、地表の部分、薄皮まんじゅうに例えれば皮の部分を今の科学で測定してみると、地球の状態が安定してから46億年くらいといわれているのです。

ただし、これは英語で表現すると「about」です。「約」ですから、確定ではないのですね。だいたいこれくらいだろうといわれているわけです。これがもしＪＲＡの競馬だったら、確定でなければ賞金はでないのです。

ところが、宇宙工学や量子化学をやってみますと、そんなものではないのではないかと。なぜならば、月の表面の隕石や地層を調べると、地球よりも古いのですね。２２０億年ぐらいではないかと。そうすると「ちょっと待ってよ。地球の衛星といわれている月のほうが地球よりも古いなんて、そんなばかな話があるか」となってしまうわけですね。

ところが、ここに地底人がいますよ、ここに宇宙人がいますよという事になれば、話が違ってきますね。この地球の中、地殻、亜空間、テロスとか地底都市といわれているところです。それからこれはあんまり言っては駄目なのですが、そこまでいかなくても地下何キロぐらいのところに住んでいる、そういう民族もいるのですね。

それでは、この人たちはどの時間で生きているかというと、皇紀は使っていません。平成も使っていません。西暦だって地表の話だから関係ないねと、これも使っていないのです。

さて、彼らが何を使っているかというと、２６０００年のカレンダーなのです。

それではこの２６０００年のカレンダーというのはいったい何なのでしょうか。

これは、太陽系周期ですね。太陽系のカレンダーが、２６０００年の周期なのです。正確にいうと銀河カレンダーなのですが、２６０００年に1回、太陽系の周期が入れ替わるという事で、地底の人たちは、このカレンダーの軸で動いているのです。

例えば２０１２年という時間軸。２０１６年という時間軸、２０２０年という時間軸があります。今から見て２０１２年というのは、地球にとって大切な一つの「鐘」が鳴る「時」なのです。そして、２０１６年というのは、太陽系にとっての「鐘」が鳴る「時」。「時」を知らせる「時」です。そして２０２０年というのは、銀河系にとっての「時」を知らせる「時」なのです。

２０１２年といわれている「時」は、地球の時元上昇といわれているわけですね。

２０１２年に起きる時元上昇とは

ところで、時元上昇というのは何なのか。漢字で書くと普通は「次元」と書きますね。でも、**２０１２年は漢字で書くと、「時元」なのです。**

この「時元」というのは、時間軸が元に戻りますよという事なのです。

それではどの時間軸に戻るのかといえば、太陽系の２６０００年の時間を設定した「時」に戻るのだといわれています。それを示しているのが、５０００年前のマヤのカレンダーです。この２０１２年というものを、５０００年前にもう設定していたわけです。なぜそれができたのかといえば、２６０００年のカレンダーがあったからだという事なのです。平成、皇紀、西暦、シュメール紀、イルミナティ年号、すべて関係ありません。

２０１２年に地球が変わります。何が変わるのかといえば、時間が終了するといわれています。それでは、時間が終了するというのはどういう事だと思いますか？時間が終わる事について、考えた事があるでしょうか？

実は時間の終了というのは、生命形態の終了なのです。それでは、生命形態とは何なのか。すなわち、生命体の形です。形が変わりますという事です。

2012年を過ぎたら形態が変わるという事は、われわれのボディ、それから生活の生命磁場が、全部入れ替わるという事なのです。もっと光に近い、エネルギーに近いものになる。量子的にいいますと、分子濃度よりも原子の密度が高い、そういう存在になる。お化けではありませんが、もっと気薄な状態になるわけですね。これが、2012年の問題です。

もう一つあります。2016年、今度は太陽系が変化します。太陽フレアなどについてもご存じかと思いますが、ちょっと太陽の話をしますね。太陽そのものは、4重構造でできているんです。

太陽の中には、殻体の太陽（A）があるのです。そして放射体の太陽（B）。そして太陽の磁力（C）、エネルギーが及ぼす範囲（D）。太陽のエネルギー、磁場というのは、この四つ全部を表すのです。そして皆さんが目で見ている太陽といわれているものは、このCです。眩しい、輝いている。目で見える太陽というのは、この

C段階のものを見ているのです。

そして、燃えていない太陽というのは、実はものすごく小さな物質体として存在していて、このAの殻体のところは、なんと水です。水がものすごい高速で回転しているのです。そうすると、止まって見えるのですね。

それでは、このBの温度がどれくらいかというと19度ぐらい。そう聞くと皆さんびっくりするでしょう。太陽は熱くないのです。

ところが、太陽のエネルギーの領域がどこまでいっているかというと、太陽系の97パーセントです。ほとんどが、太陽のエネルギーでできているわけです。しかしこの太陽というものは、メビウスや、もう一つの非常に大きな太陽からの連結のエネルギーでこうなっているのです。それが、シリウスなのです。

すなわち、見えないところからこの太陽にエネルギーを送っているのは、シリウスなのですね。そして、中丸先生の事務所の電話番号ではないですが、5572年前、イルミナティが太陽といっていたのはここなのです。

今、使われている太陽暦や太陰暦、いろいろな暦がありますけれども、歴史においてはぜんぜん違うのです。例えば、カバラでは数字の22をすごく大切にします。22というのは生命数、生命素数なのです。太陽そのものを表します。もっというと、太陽の働きですね。太陽が22パーセントとすると、後の見えざるエネルギーが78パーセント。これがシリウスから来ています。だから、古代の太陽系というのは、シリウスまでとすごく大きかったのです。

そしてその時、今の太陽は太陽ではなかった。土星が太陽だったのです。その、土星が太陽だった時に、実はマヤのカレンダーを作っているのです。パカルヴォタンなどの遺跡に、2600年の周期の中で、今の太陽ではなく、土星を中心とした太陽暦というのがありました。これは、表に出ていません。

土星は英語でサタンというのですね。西洋でサタンといえば、「魔」っていわれているでしょう。でも、サタンの別名はクロノスというのです。これは農耕の神様で、カルチャーなのですね。文明や土地を作る時には必ず耕す、この働きをするのが、クロノスという神様なのです。

しかし、この時代にはクロノスといわれていたのですが、土星の太陽のエネルギーを悪用するようになってしまったために、土星はサタンという呼び名で通っているのです。土星の本当の名前は、クロノスなのです。

つまり、今の太陽の前には、土星も太陽的な働きをしていた。そしてその後ろには、シリウスがあったのですね（この太陽伝説とは土星と太陽）。

この太陽系の中で、太陽の次に大きいのは木星です。木星はジュピターですね。ジュピターというのは、言葉を替えるとルシファーなのです。すなわち、太陽のように偉大な存在で、太陽のような働きをするものを、魔的に表現しているわけです。

しかし、木星がルシファーというと、あまりいいイメージを持てないでしょう。例えばクロノスをサタンというと、土星は何か怪しい魔物でもいるようでしょう。でも実際は違うんです（今、木星の太陽化計画も進んでおります）。

そして、この太陽系の星にはすべて生命体が住んでいますけれども、彼らの時間は全部、この周期で動いているのです。地球時間の平成だ、西暦だ、皇紀だといったものは、人間が地球上で生活して、その一形態という尺度でとらえた時間という事です。

先ほど言ったように、「日の出」と「日の入り」は違うでしょう。同じ太陽を見ているけれども、「日の出」の時間は違うのです。すなわち、時間というものは相対的なものという事なのです。

でも、その時間の中でも２０１２年は、地球が変わる「時」です。時間ではなくて、変わる「時」なのです。お寺でいったらゴーンと鐘が鳴って「はい、変わりますよ」という、これはそういう「時」なのです。

そして２０１６年になりますと、この「時」は太陽系が変わります。太陽が変わるのですね。どのように変わるのかというと、それは皆さんのお楽しみにしていればいいわけです。

そして太陽が変わると、今度は２０２０年に銀河系ごと、この座標が変わってしまうのです。

シューマン共振と脳内時計

そして大切なのは、今、時間が進んでいるという事。時間が速く感じるという方も、たくさんいらっしゃる事と思います。1日は24時間ですけれども、昔に比べると、今はだいたい、21時間ぐらいのスピードで動いているのです。1年にすれば、12カ月ではなくて10カ月ぐらいのスピードで動いている。

だから、昔は年齢を重ねると「時間が経つのが速いですね」と言っていましたが、**今は子供でも、「おじいちゃん、時間経つの速いよね」と言っています（笑）。**

皆さんに、大切な事をお伝えしますよ。時間というものは、例えば苦しい時には長く感じますね。反対に、好きな事をやっていると一瞬でしょう。浦島太郎ではないですけれどね。

脳の中には、時間を測定する認識磁場というのがあるのです。脳の中の認識。分かりやすく言いますと、物事を判断する、その時の時間であり、体内時計ではなく、脳内時計だと思ってください。

この脳内時計というのは、シューマン共振と共鳴しているのです。シューマン共振とは、地球そのものの生命磁場です。それの正常値が、7、8ヘルツといわれていました。それが、だんだん上がってきているのです。マックス２２まであり、まだそこまではいっていませんが、もう１３は超しています。

このシューマン共振が上がると同時に、地球の時間軸が変化を起こしているのです。例えば、１秒の長さというのは、とりあえず決まっています。それを、短く感じたりしているわけです。そのうち、秋が４月に来て、夏が１２月に来ている状態になるかもしれません。３月２２日の彼岸に気温を計ったら、真夏の温度になっていたとか。すなわち、季節が半年ぐらいワープしちゃうわけです。これは自然界の話ですね。事実、このところ秋にしか咲かない花が４月に咲いていたり、２月に桜など咲くわけないのに咲いていたり。これだけでも、自然界は時間がずいぶんと進んでいるわけです。

では、なぜそうした現象が起きるかですが、科学者の先生方は分からないのですね。でも私からすると、このシューマン共振がだんだんと上がってくるにつれて、自然界の異常気象なども、加速的に進んでいるのです。

タイムマシンとウイングメーカー

タイムマシンの話をちょっとします。まず、時間が速くなり、時間に対する価値観というものが変わってきます。例えば皆さん、人生を振り返ってみて小学校、中学校、高校、今までずーっと思い出しても、1時間かからないですよね。過去というのは、短時間で思いだす事ができる。時間はかかりません。しかし、未来というのは分からないでしょう。

ある、面白い学者がいるのです。ちょっと名前は言えませんが。俗にいうタイムマシンを作ろうとしていたおじさんです。その方は、アメリカからお金がもらえなくなって、自分で作ろうとしていたのですね。すると、ある財団が、ロシアのとか言っては駄目なのですが興味を持って、「タイムマシンを作るんだったら、うちの政府も協力しよう。ただし条件がある。それが本当に役に立つかどうか。それが本当に実用性があるんだったら費用を出そう」と。

研究者の方は、その政府の方に資料を見せてくれと言われて提出しました。ところが、この資料は戻ってこなかったのですね。けれどもこの方は頭がいいから、どうせ盗まれるだろうと思ってコピーをとっておいたわけです。

そして、この方は最後はいなくなってしまったのです。俗にいう、あの世に行っちゃったのです。行方不明です。

それでこのコピーが、あるインターネットのサイトで「タイムマシンの作り方、売ります」と、売りに出されたのです。でも、出てすぐに消されてしまいました。

6000ページぐらいあるものだったそうですが、内容はというと、時間に対して面白い事を書いてあるのです。**時間とは何かと。何て書いてあったと思いますか? 「人間の気まぐれだ」というんです。**

例えば、人間が過去に行きたいというのは、未来を知りたいから行きたいだけだと。そして、自分の過去が悪いと、人間は訂正したくなるそうです。そしてこの人は、前はどういう仕事をしていたかというと、催眠術の先生だったのです。

催眠術には、退行催眠というものがありますね。退行催眠とは、時間を戻すのです。この退行催眠のプロが、タイムマシンの作り方を研究したのです。まず、人間はいいかげんだと。そして、時間というものは、過去に戻る事はできるけれど、未来に進む事はできないという結論です。

なぜかというと、退行催眠はあっても未来に行く催眠ってできないのですね。

では、この人が作ったタイムマシンの理論は、今どこで使っているかというと、頭文字で「WM」、俗にいうウイングメーカーというところです。ウイングメーカーの話は聞いた事ありますか？　サーフィンの用語でウインドメーカーがありますが、それとはぜんぜん関係ありません（笑）。

ここでいうウイングメーカーとは、地球を救うために時間をワープして、過去に戻っていろいろと救済活動をしたりするのですね。そういうグループがあるのです。皆さん、そんなのうそでしょうって思うでしょう。しかし、退行催眠にかかってる方は、全部時間を戻されているのですね。

例えば、5歳の頃にトラウマを受けていた場合、それを消すために、5歳まで戻すのです。そうすると、40歳の人だったら、35年前に戻ったかと思われるのですが、でも、それは体で戻るんじゃない、意識で戻るのです。

この退行催眠の理論を応用して作ったのが、タイムマシンなのです。そして実際、タイムマシンはあるのです。でも、未来に飛ぼうというのは、本当はできるかもしれませんが、とりあえずできないと言っているようです。

未来を見るには、必ず過去に戻って、ある時間のポイントに行かなければならないのだそうです。そういう、人間でいったらツボみたいなところがあるといいます。

では、そこは科学的には何て言われているかというと、「亜空間」という空間です。この亜空間では、過去と現在と未来が、同じ磁場にあるそうです。すべて同一磁場に存在していますから、過去にアクセスして今を知り、今から未来にアクセスできるという、そういう環境なのですね。

その形を描いて表したのが、俗にいう「卍」(まんじ)のマークなのです。これは実は、時間の象徴なのです。すなわち、過去と現在と未来というものは、同一線上の磁場の中で、一定の条件下だったら、同時に存在するという事です。

5000年前に、なぜ2012年の地球の時元上昇を予言できたかといえば、マヤの人たちは、時を旅していたのです。ですから、過去に行き、現在を知り、未来を知る事ができたのです。

マヤの一族というのは、時間を旅していた。マヤのシャーマンたちは、意識の中で、常にタイムマシンに乗っていたのですね。

では、このマヤのシャーマンたちの末裔はどこに行ったのか。地下に行った方もいますけれど、われわれ日本人のＤＮＡの中にも、マヤ族の血が入っているのです。

ところで、お釈迦様をご存知ですよね？　お釈迦様は、月氏といわれたのです。月氏族でした。では、この月氏族は何かというと、末裔はマヤになりました。遡ると、日本神話でいう月読（つくよみ）という神様の一族なのです。数と時を支配していました。

この、日本で祀った月読の神様、月氏、釈迦族などにフォーカスして、ずーっと掘り下げて行きますと、いろんな面白い話ができるのですが、今回は「時の旅人」がテーマなので、この辺にしておきます。

その時は必然に訪れる

とにかく、時間というものはすごく重要なんです。

これから2012年に向かって一番大切なのは、自分たちがこの時に生まれているという事なのです。例えば明治維新というものがありました。でも、明治維新の時には、田舎のおじちゃん、おばちゃん、いわゆる庶民たちは明治維新を分からなかったのです。自分の殿様のちょんまげがなくなって、お侍さんだった人たちが刀を持たなくなり、服装も変わって、それでやっと分かったのです。

もっと遡ると、豊臣秀吉が天下を取った時に、庶民が分かったのは3年ぐらい後なのです。天下をおさめてから、秀吉は検地と刀狩りを行いました。それで、何か世の中が変わったんじゃないかと気づいたのですね。そんなものなんです。

では今回、地球が時元上昇してアセンションしても、普通の人はアセンションの流れというか、エネルギーの変化というものは、まず分かりません。ただ、体調が何かおかしいなとか、ちょっと太陽がこれまでと違う、気候も暑いよなとか、夜寝られないとかいう状況は現れてきます。敏感な方は、もう既にそのエネルギーを受けている事でしょう。

この２０１２年という時は、偶然ではなく必然に訪れるのです。

時間というのは、「間（ま）」なのです。間というのは、距離があります。間をはかれない、間を取れないようなものは、人間には分かりません。これはちょっと、難しいですね。２０１２年というものを体験すれば誰でも分かるのですが、２０１２年までの間、この間（ま）を取れない人間は「間抜け」になってしまいます。この時間に向かって動いている一つのエネルギーがありますが、それを感じる事ができる人と、できない人が大きく分かれるのが２００８年からなのです。

人間の脳には認識磁場がありますので、太陽系の異変、地球の異変、大自然の異変などを、体は分かっているのです。だから、マッスルテストやオーリングテストができるわけですね。顕在意識では分かっていなくても、なぜこうしたテストの答えが正しく出るかといえば、体が認識しているからです。

そして、この認識磁場というものがだんだん上がってきますと、今度は脳にあるブロックが全部外れてくるのです。そうすると、使っていない脳、使っていない神経、使っていない回路などが、だんだんと開いてきます。これが本当の、「待てば回路の日和あり」です（笑）。これまで気付かなかったものに気付いたり、だんだんと生態系が変わってくるのです。

まず、脳から変わってくる。脳というのは意識の現れですから、意識が変わると脳の層が変わってしまいます。そうすると、エネルギーの磁場が変わります。

例えば、宇宙人がいる、いないなどの問題ではなく、アセンションを信じる、信じないでもなく、それを受け取る事によって、皆さんの体内時計、脳内時計が2012年や2016年に向かって動き出すのです。これが重要なのです。

今は残念ながら、ほとんど止まっています。皆さんの体の中にある、脳の中にある、このアセンションという時間軸のタイムテーブル、それが止まっている方が多いのです。それを、これから動かしていかなくては駄目です。

今後の地球維新

では、動かすにはどうしたらいいか。まず、ねじを巻かなければいけませんね。電池が入っていなかったら、電池を入れないといけませんね。そこからスタートしなければいけないんです。

日本でも、時代が変わったといえば、例えば明治という時代がありました。実際に存在しましたね。その前には、私が過去世で住んでいた江戸時代もありました。明治の後、大正、昭和、そして今、平成ですね。現在、戦後60年と言われています。60年前は、実際に戦争をしていたのです。もっと古い時代、明治時代でも、明治維新は実際にあったのです。

過去、世の中を変えるようないろいろな事件がありましたが、未来はそういったものが起きないのかといったら、起きる可能性は大です。

ただ、戦争というものは、人間が起こすものなのですね。これは、神様がやるのではなく、人間が起こすものなのです。皆さんも、本当に神様がいるんだったら、なんで戦争を止めないのと思いませんか？　キリスト教国のアメリカさんと、イスラム教の国々が戦っていますよね。だったら、マホメットさんがキリストさんを呼んで、ちょっと手打ちをしようと、こんなに世の中が悪かったら俺たちも住みにくいからさと言って、仲直りしてもよさそうなものですよね。

でもなぜか、いつの時代も戦争はＯＫ牧場になっているでしょう。つまり戦争は、神様ではなく、人間が一生懸命やっているからなのです。

そして、実は中には見えない世界の人たちが時代を変えるために、意図的に起こした戦いがあるのです。例えば、明治維新がそうでした。

また、信長さんも殺されてしまいました。それは、日本の進路を守るためだったのです。これ以上、信長が西洋かぶれしてしまったら、日本がキリスト教の社会になってしまうから、これはよくないなという干渉があったのです。明智光秀が信長を恨んで殺したとか、そうではないのです。神秘的な、目に見えない働きがあったのです。

戦争については、神様よりも人間の力のほうが大きかった。それと人間に付帯する見えざる勢力、俗に魔といわれる勢力のほうが強かったのです。俗にいう天使も、羽を折られて飛べなかった。魔のほうが力があったわけです。

しかし、この1980年代から地球の磁場が変わり、魔的なエネルギーがだんだんとなくなってきたのですね。戦争はまた起きますけれど、たぶん次の戦争で終わりでしょう。今、世界ではテロとか紛争が、30カ所くらいで起こっています。

実は戦争を起こすにも、時というものがあります。これからの時代は、エネルギーの法則が変わってきていますから、2008年を過ぎてからこういう事をやろうとか、エントロピーの増大につれて進む方向があります。地球の意識、エネルギーが上昇する時に、一つの方向性があるのですね。しかし、例えば戦争とかウイルスを撒くとか、人間を残虐に処分するような行為をやっていますと、逆のベクトルになってしまうのです。するとエネルギーは、この行こうとするものと戻そうとするものとでぶつかりますよね。そこで天変地異が起きてしまうのです。自然現象というものは、人間のエネルギー体の相似象となっています。

人はなぜ戦争をするのか。お金とエネルギーのためです。お金というのは面白いのです。「Time is money」と言うでしょう。「時は金なり」と。実は、お金の時間

軸というものもあり、時間の時間軸と合わせて動いているのです。時間軸が変換する事によって貨幣経済も消えていきますが、それが、2012年からだという事です。

それまでは、ベクトルのぶつかり合いです。正しい方向に導こうとする、それを止めようとする、それらのしのぎ合いです。人間の体でも、腸内細菌など、善玉酵素と悪玉酵素とどっちが多いかが問題になるでしょう？

2008年からはもっと、目に見える形で出てきます。

三つの封印が解かれる時

人間には、三つの封印がなされています。一つは、マネーシステムです。

例えば、世界経済はアメリカドルが基軸となっていますが、誰がそんなの決めたのでしょう？　誰かが決めたから、そうなっているはずです。本当は、金本位のほうがいいのでしょうが、誰かがそうしたシステムを定めたのです。

それから、エネルギーというシステム。フリーエネルギーはもうあるのだけれど、、まだ使っちゃ駄目だよと、阻んでいる何ものかがいる。システムがおかしいのです。フリーエネルギーが悪いのではなく、フリーエネルギーにしたくても、まだシステムがついていっていないのです。

それから、食料システムです。バイオエネルギーなどといって、トウモロコシで車を走らせようと思ったら、では食糧危機になったら食べるものをどうするのという問題がありますね。

私は、海水で走る車を作るべきと思います。理由はいろいろありますが、普通の水ではなく、海水には、電気を伝導させる力があるのです。そして、無公害です。海の地底に住んでる人たちは、海水をエネルギーに替えているのです。それで食料を作ったり、燃料を作ったりしています。

地底にいる人たちは、われわれの先輩としてそういう実験を既に行っていて、そのエコシステムで生きていますからね。

でも、一つ間違うと怖いですよ。水素爆弾も作れますから。

つまり、お金と、食料と、エネルギーのシステム。この三つによって人間は封印されているのです。これがほどける時が、２０１２年だと覚えておいてください。これに向かって、だんだんと食糧問題、エネルギー問題、お金のシステムという問題がほどけてきます。

これから、俗にいう影の政府とか世界政府といわれている、このシステムの運営者たちがだんだんと食えなくなってくるのですね。時元上昇しようとしている精神世界に伴って、物質社会も、システムも、全部移行していくんですよという事です。それが、歴史というものです。それが、時なのです。時代なのです。

明治維新の時に、庶民はそんな事が起こるとは思っていませんでした。動かしてる人たちは分かっていましたが、田舎にいるおじさん、おばさんには分からなかったのです。

昭和の時代にも、第1次、第2次と、戦争があったでしょう。そんなに戦争をしたいとは、誰も思っていなかったはずですよ。でも、日清戦争から始まって、ずっとやっていかざるをえなくなった。

けれども、この国はつぶれませんでした。これからも、この国はつぶれません。なぜかといえば、ここは時の民族のいる国だからです。

われわれ日本に生まれている人たちというのは、新しい時代をつくっていくという天命を担っているのです。だから、残された民族なのです。われわれが残って、維新を行っていく。ただ、いつも述べているように、日本人だけではないのですね。この国土に住んでいる人たちです。そこが重要なのですね。国籍はどこであろうと、この国に住んで、この国の言葉を話している人たちです。

では、日本人らしさというのは何かといえば、日本独特の価値観なのですね。大切なのは、これから２０１２年に向かって、皆さんの意識がどうあるかという事です。皆さんは今、この時に生きています。現実として実際に起こった場合、皆さんは肉体を離れて新しい磁場に、次元に行く。

すなわち、今回のテーマの「時の旅人」の主人公は、原田知世ではなくて（笑）、皆さん、あなた方なんですよ、という事です。

時の旅人

対　談

中丸　薫氏 ⊙ 白　峰氏

今後の日本を生きるには

司会者：まず、白峰先生からお聞きしたいと思います。

今、テレビを見ていますと、毎日のようにいろいろな事件、事故が起きております。ニュースの時間が足りないぐらい、毎日毎日めまぐるしく話題が変化し、情報が渦巻いています。そういう中で、日常どういう事に気をつけて、どのような方向性で生きていったらいいのか、教えていただければと思います。

白峰：これからの世の中、マスコミを見ますと、いい話は出てこなくなってきます。悲しみが多くなってきます。しかし、それに惑わされないという事。一番いいのは、テレビを見ない事でしょうけれど。

私がこのごろ一番気になった事件を言っていいですか。お風呂の事故。とりあえず、温泉評論家としては見逃せませんからね。

でも、あれは皆さん、笑えないんですよ。東京の地下には、どれほどのガスがたまっているか。他の施設も事故の温泉と同じような条件だったら、みんな吹っ飛んじゃいます。ですから、ぜひ慎重にやってほしいと思います。

例えばインターネットとか、テレビとか、そういうものはこれからはあまり役に立たなくなってきます。情報がディスインフォメーションになっている事もあるけれど、だんだん意識が高くなってきますと、そういうところに思いがいかなくなっちゃうんですね。

つい最近、見て面白かったと思ったのは、映画の『大日本人』。昔の私は、ああいう事をやっていたんじゃないかなという感じでしたね（笑）。個人的にはすごく、感銘を受けました。まだ感動できるようなもの、映画でも何でもいいですが、観られたらいいんじゃないでしょうか。

中丸先生どうぞ。

中丸：政治の事を直接いろいろ言うのは、かなり生々しくなりますけれどもね。安倍さんが出てきた時に、日本人はもう少し、いろいろと期待していたと思うんです。

でもだんだんと、やり方とか周りから聞こえてくるものとかいろいろあって、本当に日本のために、国民のためにやってらっしゃるのかなという疑問が出てきたのではと思うんです。

ですから、極端なところまで日本の政権を見て、裏の裏まで知っているような方の論調だと、カルト集団に近いような事もあるんじゃないかとか、そういう見方が多くあるようです。

例えば、チェイニーが来ましたよね。チェイニーこそは、アメリカの副大統領としてはかなり問題な人ですけれどもね。そのアメリカ人の政治家でさえも、安倍さんはかなりのムーディストじゃないかと言っていました。ムーディに近いと言ったら、皆さんはお分かりかどうか存じませんが、文鮮明の事でしょう。

私にはそれが、真実かどうか分からないけれど、うわさが飛び交っている。そういう中から見ると、そういうつながり、ある意味では私たちがちょっと計りかねるような政権の動きがあるのかなという感じがしないでもない。

いろいろな意味で、国民にはかなりの不満がたまってると思うんです。ですから、今度の参議員選挙は、民主党も自民党も、憲法第9条に手をつけようという感じですけど、**少なくとも憲法第9条の1項目、これは決して変えてはいけない。ただ、今も自衛隊を自衛軍という言い方にしてはいますよね。後は、集団自衛権の問題とかをどのようにやっていくか。**

昭和天皇がマッカーサーに向かって、原爆を受けた日本としては、聖なる国として他国を攻撃するような武力は自ら放棄していきたいという事を言ったために、あの第9条というのはあるんです。

ですから天上界では、なんとしてでもあれは守ってほしいという事はあります。第9条の中の1項目、これはなんとしてでも、絶対に変えてはいけない。

今の在り方だと、自民党になろうが、民主党が政権をとろうが、その辺のところはどんどん危うくなってくる状態ですね。本当に歯止めがかからない、今の政権の中で、5年間というタイムリミットがありますから、その中で国を救っていくのはやっぱり、一人一人が自己確立をしていく事。自立した人間として、みんなが立ち上がり、その光のネットワークが日本を救っていく。ある意味、草の根運動だと思うんです。

政権とか、政治家にあまり期待はできない。私はそういう意味で、本当に心の分かる人たち、精神世界に価値観をおける人たちとの会話を、少しでも多く続けていきたい。

今、政治家たちとお話ししても、顔を向けているのはほとんどアメリカのほうです。ですから、いくらお話ししてもちょっと無駄かなと。自分たちの権力とか、あるいはどうやってそれを拡大していこうかという事に、苦戦している人たちがあまりに多い。

私の闇の権力の本を読んで、ああ、本当にえらくなるには、本当に政権を取るには、やっぱり闇の権力と近づきにならなきゃ駄目なのかという、むしろ逆説的に受け取っている向きも多々見られます。

しかし、日本を立ち上げて、本当に日本を変えていくのは、光の心を持った私たち一人一人が、一人でも多く、立ち上がる事なのです。

そのためにはこの5年間、私もできる限り機会を作り、世の中の真実の事を伝えながら、一人でも多くの人の心の中に希望と、そして新たなるビジョンを抱いていただけるようなお話を、皆さんにしていきたいと思っています。

ここにお集まりのような皆さん、お一人お一人は、これから光の天使として立ち上がっていく方たちだと思うんです。

私は『ワールド・リポート』というのを出しております。皆さんの左側の羽は世界の事、人間の事、宇宙の事に関する真実を知っています。右側の羽は、人徳だとか、心の調和だとか、そういう目に見えない世界、ここを極めていくためにあります。

私が世界186カ国に行ってきて、たまたま霊的な体験の中で思い付いた事を皆さんと共有していくために、「太陽の会」というのを立ち上げました。これからも、地底の人とも宇宙の人とも交信しながら、地底の人を迎え入れる、あるいは彼らと合流できるような、そんな時がもうすぐくる……、そんな感覚を持ってやっていく。

日本人が持っている大きな使命というものがありますので、日本に今住んでいる人たち全部が、在日の人たちも含め、みんなが手を取り合って、一人でも多くの人が希望を持てるようなお手伝いができれば幸いです。政府がどのようになろうが、アメリカの一州のような、あるいは属国のような振る舞いをしようが、もう5年でかなり片が付くんです。それを過ぎた後は、日本人が、この日本に住んでいるその人たちが、精神的に世界をリードしていく。私はそれを固く信じて、今後も活動していきたい。皆さんとともにそのような日を、確実にしていきたいと思っております。

白峰：2007年は、ものすごいスピードで時間が加速しました。それと同時に、地球も変化しています。今、中丸先生がおっしゃったように、政治とか経済というものは、はっきり言いまして崩壊に向かいます。新しいシステム、例えばエネルギー、食料、それから貨幣経済、この三つが変われば、世界中の苦労や争いがなくなります。エネルギーは、地球に優しいフリーエネルギーがもっと開発されれば、CO2などの問題も、全部解決できる。

現在、なぜできていないかといえば、この地球の人々を間引きしたいという存在が本当にいるからです。彼らは残念ながらというとおかしいですが、人間ではないわけです。支配したい、これまでもそうしてきた。

彼らは、人間が霊的に目覚めてしまう事が一番困るんですね。この地球で一番スピリチュアルな民族というのは、やはりわれわれ日本人です。日本人は、本当はいろんな人種のハイブリッドなんですが、この人たちが目覚めてしまって、例えば宇宙とつながったり、システムを崩壊されたら困る。そうならないために、ものすごく干渉されてきました。

私は、2008年から一つのかたちができてくるのではないかと思っています。あまり宗教的な話はしたくないのですが、饒速日（ニギハヤヒ）という神様がいますね。にぎり飯ではありません（笑）。この神様が今まで封印されていたというか、本来のアマテラスというかたちで男性神の働きは出てこなかったのですが、来年からは仕事をしますと宣言しているんです。

そうすると、宗教的な面で具体的な人の世の立て替えが、2008年から起こるのではないかという事です。

これは裏話ですが、例えばロックフェラーだって、ロスチャイルドだって、子供や孫がいるんです。皆さんと変わらない。一族にはもちろん、ほんの小さな子供たちもいます。そうすると、子供たちは宇宙に逃がしたいとか、地底に行かせたいなど、やっぱり種は残したいわけです。

しかし、あるところから命令されて、やり過ぎの感があります。例えば数霊というものを利用して人工地震をぶつけてみたり、貨幣経済も一部の人間が潤うように支配していたり、エイズにしてもそう、全部そうなんです。

しかしそんな彼らにも、中にはまともな人たちがいるんです。例えば一族50人の中で49人がおかしくても、1人くらいはまともな人がいる。そういう一部の人たちは、アセンションというものを理解していて、一族がどのように2012年以降も生きていくべきかを考えている。

しかし考えてはいても、彼らでさえ、この時間のトレンドというものは変える事ができない。ですから、日本語で言ったら自然消滅、病気で言ったら老衰のようなかたちで、だんだんと勢力が弱まっていきます。

日本も、本当はもっといい国なんです。ただ、日本は2本立てで表と裏があって、上と下があって。表向きは人に使われて、「はい、はい」と頭を下げています。しかし、**戦えば、本当は強い**（地底世界の神人の子孫ですから、世界政府は怖れる）。

でも、占領されているようで、実はされていないところもあるんです。それを世界に問う事によって、再び戦争や危機が起こらないようにしていく。

今はとりあえず、なだらかな状態です。しかし、日本人の意識がだんだん上がってきて、その意識のエネルギーが地球全体に波及した時には、また大きな動きがあるんじゃないかなと**（日本人の集合意識が世界を変える）**。

食糧危機といわれていますが、実は食糧危機だって解決できるんです。水だけ飲んでいれば生きていけるという人は、実際にいます。寝なくても、飲まなくても生きていける。それはなぜか。脳のチャンネルを変えるだけなんです。

世界中で、一番洗脳されやすい気質を持つのはわれわれだそうです。でも、逆に洗脳がほどけた時に一番霊的な能力を発揮するのも、同じくわれわれなんです。それを、怖がってる人たちがやはりいるんです。

いい意味で、人間がだんだんと二分化してくるんじゃないでしょうか。

だから、政治、経済などの世界についても、誰が好きだ、彼はできる、あいつは馬鹿だと、私も昔は言ってました。でも、政治家で、★★さんとか名前を言っちゃ駄目なんだけど、彼について私が一つだけ褒めたいのは、国を言っちゃ駄目なんだけど、ア★リ★からある事で脅されてたんです。彼が取引しなかったら、えらい事になってたんです。すなわち、お金で解決したのですが。中には、国を売ったという人もいます。しかし、それをやらなかったら今ごろどうなっていたのかと。日本の3分の1は海に沈んでたか、どこかの国に占領されていたか、ＩＭＦの管理下になっていたか……。そういう、うそのような本当の話。

中丸：人工地震の件ですね。

白峰：そう、いろいろあるんです。どこかの誰かが起こしたという人もいるしね。地震の話が出ましたので、自信をもってお話ししたいという事で（笑）。

中丸：これ以上怖い話はやめておきますけれど、本当に人工地震というのがあって、そこでの取引だったんですね。

天上界からも、**政治家に会っても時間の無駄といわれております。**小沢さんにしても、私の小石川高校の後輩なのですが、国際政治をもうちょっと勉強したほうがいいんじゃないという助言をしたり、私の本を読んでくださり、お礼の手紙などくださったりもしていますが。

皆さんには、やっぱり失敗した人、誰かに使われてしまった人には、許さないという気持ちがあると思うんです。湾岸戦争の時、1兆3000億、小沢さんが集めて持っていって、その後もずいぶん苦労していますから、少しは人間性も変わってきたんじゃないかと思いますけれど。本当に今の政権、自民党はかなり厳しいと思うんです。もっと世界を広く学び、国際感覚も養ってほしい。

小泉さんが選挙をやった時に、ちょっと調べましたら、アメリカの非常に大きい広告会社、電通なんかを超えるすごく大きな広告会社の社長と、小泉さんが会っているんです。民主党も、アメリカの広告会社を使っているんですが、その大きい広と思います。

告会社の子会社を、民主党は使っていたんです。恐らく民主党の人は知らなかった

今は民主党の人はだまされたと気づいているかもしれませんが、CMの撮り方一つにしても、小泉さんは真っすぐ見て、非常に前向きの姿勢で話しているのに対して、岡田さんのポスターの写真を思い出しますと、ちょっと斜めを向いているんですね。目線が斜め。斜め。CMの事をきちっと勉強した人ならば、ああいう撮らせ方は絶対しないんです。斜めを向いて、1歩下がって。真っすぐを向いていません。キャッチフレーズも、「日本をあきらめない」というものでした。「あきらめない」っていうのは、やっぱりマイナス思考、後ろ向きですよね、否定的な感じ。

ですから、広告会社は完全にアメリカ主体で、保険会社とか2兆円ぐらいつぎ込んで、あれだけの劇場型選挙をやって、それにすっかり日本人はだまされてしまった。企画書のようなシートを見ると、「B層を狙え」と書いてあるんです。きちっと教育を受けた人たちには、こんなふうにいくらマスコミを使って言っても駄目。だからB層と、はっきり書いてあるんです。B層とは、俗にいう「女・子供」とか、

いろいろな意味での若い人たちとかですね。テレビゲームばかりやってるような、政治意識の薄い人たち。それと、割にだまされやすそうな人たち。このターゲットに絞って、徹底的にイメージを刷り込むというやり方でした。全部アメリカから、宣伝という攻略の仕方、手法を教わって、あれだけの選挙をやった。

ですから、私たちは注意深く、だまされないようにして、日本の事を思ってくれるだろうと思える人たちをきちっと選ぶ。あるいは、思った事はどんどん、直接、候補者に言ってあげる。政治家がどうとかといっても、選ぶのは国民じゃないですか。私は長い間、もう30年近く、大衆の意識が変わらない限り、本当の日本のいい政治は生まれないという事を言っております。あまりにもマスコミ、五大紙、五大テレビ局、全部が闇の勢力下にあって、そのようなかたちで使われてきた。これをもっともっと、日本人の一人一人が自覚して、自立した人間として自分の道を切り開いていく……、そうしたはっきりとしたビジョンを見据え、前向きの姿勢で取り組んでいきたいと思っております。

地球の目覚めから起こるリアクション

白峰：地球そのものが目覚めてきましたから、地球にとってマイナスな事、例えば戦争やテロなどが起きた場合、今度は地球そのものが受け取っちゃうんです。そうすると、地球そのものがリアクションを起こしちゃうわけです。

例えば、アメリカさんがあんまりおかしい事をすると、異常現象があったり、人的な反動があったり。

ですから、これからは人間同士の裁きなどという世界ではなくて、地球そのものが自然を通して、いいも悪いもわれわれ人間にアクセスしてくる事になるでしょう。その理が分かれば、本当は英雄をやらなきゃいけない。**地球人類を助けるような仕事を、ロスチャイルドやロックフェラーはやらなきゃいけない。**

今、彼らがそれをできないのは、首から上はすっぽり抜かれているからです。だから何も考えられないというか、結局、ロボットみたいな存在なんです。これを言っちゃ駄目なんですけど、実際に会った方のお話を聞きますと、目が違うとか。やっぱり憑依されているような感じがある。実際に会ってみると、そんな悪党おじさんには見えないんです。ただし、決定権がないんですね。皆さんが思っているような、悪の枢軸といわれているものよりもっと奥の奥、実際動かしているやつらというものを、たたかなければならない。

今の日本政府はそういうポジションにはないんですね。

ここだけの話ですけど、やっぱり宇宙人の対策をするセクションを作らなければならない。日本でも、内調とかいろいろな情報機関がありますけれど、情報戦略の中にも、宇宙的にカバーできるようなものがないんです。それができるのは、今はアメリカしかない。ですから、逆にアメリカをうまく利用してあげて、そして最後は転がしてあげなきゃいけないんです。

ただ、霊的なカルマというものがあります。これはあまり言いたくないんですが、日本とアメリカというのは、切っても切れないんです。きょうは酔ってないから言いますけれど、もうじき、中国が9ブロック制になるんです。中国大陸を九つに分けるのですね。アメリカでできなかった新連邦主義を、今度は中国でやるんです。

そうすると、今までアメリカに力を貸していた誰かさん、その人たちは今度は引いちゃうわけです。すなわち、連邦制国家というものは、いいも悪いも実験台でつくったんです。それが今度は、エネルギーも食料も止めて、アメリカが失敗したと思った時点で、その失敗を糧に、これから１００年、１０００年、残るようなシステムを、中国に作ろうとしています。だからといって、アメリカ人が全部中国に行くわけじゃない。システムだけを入れ替える。極端な話、チェスのこまを変えるだけです。**でも、その時に失敗したら、この地球は終わりです。**逆に、それでいいんです。はじめは日本でやろうと思っていたんですけれど、日本はしぶといんです。霊的に守られているから、手を出せないところもあるんです。

憲法だってそうです。１条と９条というのは、これは神懸かりの世界ですから。これを変えたら、天罰じゃないですけどよくないんですね。そういう霊的な力というものに、日本はものすごく守られています。**ある国の、ある情報機関のトップの方が、日本をつぶすにはまず、霊的な神社を全部つぶさなければならないと。**

例えば、生体磁場のキルリアンとかオルゴンってありますね。あれを宇宙空間から見ますと、日本は黄金色に光ってるんです。ものすごいオーラなんです。アメリカのほうが日本よりもジャングルもあるし、自然も多いのに、なぜ日本の方がずっと強力なプラーナエネルギーを出しているのか。それは、神社だったり、山だったりなんですね。宇宙から見ると一番輝いている場所が、何を隠そう、この日本列島なんです（**スカイブルー色のプラズマ流体が輝く日本列島、わかるかな？**）。

ですから、だんだんと尺度が変わってきて、価値が変わってきて、ある存在とともに動けるような人たちが出てくると、世の中が変わりますね。これは小説じゃなくて、実際に動いている方もいるんですけれどね。これ以上はあまり、言えません。

最後に、中丸先生のほうからお願いします。

新たなる「時の旅人」としてのスタート

中丸：本当に、私たちは偶然ここに居合わせて生まれてきたのではなくて、大きな使命を、お一人お一人が抱いてこの大切な時期、この地に結集しています。

私も感じておりますが、２０１２年、これを霊的に分からない人は分からないんですよね。一人一人のテンションや過程が違いますから、その人が悪いのではないのですが。今日は、宇宙の事から、地底の話から、心の中の法則から、いろいろな問題を話しています。地球の人口が６５億とすると、ここにお集まりの人たちは、地球の人口の中でも０、００００……というような、本当に一握りの、珠玉のような魂を持った方たちなんです。

皆さん、ご自分のいいところ、悪いところ、全部を含めて、しっかりと抱きしめてあげてください。このたいへんな、波動の荒い3次元の世の中に、よくここまで頑張ってきたねという思いで、自分をしっかりと褒めたたえ、本当に愛してください。本当に自分を愛せない人は、人を愛してはいけないと思うんです。

新たなる「時の旅人」として、ここから皆さん、立ち上がってまいりましょう。

あとがき――ポアンカレ予想を超えて

明窓出版　編集部　麻生明輝名

「旗本退屈男です」、または「田村正和でございます（＊あまり似ていないモノマネで〈笑〉）」というご挨拶から、いつも白峰先生との電話の会話が始まる。何度繰り返されてもクスッと笑ってしまうところから話がスタートするが、相手を必ず笑顔にするのが先生のＳ級テクニックだ。忙しくて眉がつり上がっているような時も、先生からのお電話で和やかな気分になれる。

このテクニックを、先生は講演会の時も、原稿を書かれる時にも駆使されている。信じられないような裏情報、「ヤバイ、ここまで言っていいの？」と、軽く鳥肌が立つような話でも、要所要所で繰り出される先生お得意のオヤジギャグによって緊迫感が緩和し、「別に心配する事はなにもない」気分にしてもらえるのだ。

世には陰謀論が溢れ、人心をますます暗く、重くさせているが、そうした陰謀論を超えるほどヤバい情報を提供しつつも、そこに笑いを取り入れる事により、聴く人、読む人の気持ちを決して落とす事なく、最後はむしろアゲていくという、稀代のテクニシャンなのである。

一方、一般的には中丸先生は陰謀論者として有名な方であるが、聞くところによると、陰謀論支持者は唯物論者が多く、宇宙の話、精神世界の話などはいっさい受け入れない人がほとんどだという。そこで、中丸先生のこのところの五次元移行の話やスピリチュアルな話について、眉をひそめる向きもあるらしい。

しかし、私は今、この時に、白峰先生と中丸先生とのコラボレーションの本を発刊できる事に、絶妙なタイミングと不思議なご縁を感じている。社名に込められた「明るい窓を開く」という願いに応えてくださるかのように、お二人のお話はこれからの私たちに、輝く光を投げかけてくれる。

そして、「心を浄化して、浄化して……」という中丸先生の言葉から私が思い出すのは、故・関英男博士の「洗心　宇宙創造神の御教え」である。

常の心「強く正しく明るく、我を折り、宜しからぬ欲を捨て、皆仲良く相和して、感謝の生活をなせ」、御法度の心「憎しみ、嫉み、猜み、羨み、呪い、怒り、不平、不満、疑い、迷い、心配ごころ、咎めの心、いらいらする心、せかせかする心を起してはならぬ」というこの教えこそ、「心の浄化」の具体的な方法ではないだろうか。

本書は、「白峰という名前での出版は最後にしたい」という先生のご意志により、白峰先生最後の本となる。共著も入れると弊社での１１冊目の発刊となるが、これまでたくさんの反響をいただき、次回作を「まだか、まだか」と待たれている読者様もずいぶんとおられたようだ。

次回作からは、「中今悠天」というお名前で、「オヤジギャクで人を笑わせて、幸せにする、七福神に徹します！」との事である。

先生のますますのご活躍に、ご期待ください！

また、最後になりましたが、特別対談を快く引き受けてくださった瀬戸龍介氏、横澤和也氏、御代真代香氏に、心より感謝いたします。

～ 著者プロフィール ～

中丸　薫（なかまる かおる）

コロンビア大学政治学部、同大学院国際政治学部、同大学東アジア研究所を卒業後、世界各国を歴訪し、国際政治の現場で研鑽を積む。政治経済の実践経験をベースに、各国大統領や国王などとの対談を積極的に行い、民間外交を実践。講演、著述、テレビ出演などを通じ、その正確な国際感覚をアピールすることで、国際政治の大衆化をめざして一貫した活動を続けている。
太陽の会連絡先：〒113-0021　東京都文京区本駒込1-27-10-403
国際問題研究所内　「太陽の会」
Tel.03-5976-5772、Fax. 03-5940-6481
ホームページhttp://www.taiyonokai.co.jp

著　書

『“闇”の世界権力構造と人類の針路』『明治天皇の孫が語る闇の世界とユダヤ』『日本が闇の権力に支配される日は近い』『世界はなぜ破滅へ向うのか』『気高き日本人と闇の権力者たち』『国際テロを操る闇の権力者たち』（以上、文芸社）
『アメリカに巣くう闇の世界権力はこう動く』『闇の権力をくつがえす日本人の力』『国際テロを操る闇の権力者たち』『古代天皇家と日本正史』『泥棒国家日本と闇の権力構造』『この国を支配/管理する者たち』『この地球を支配する闇権力のパラダイム』『いま二人が一番伝えたい大切なこと』『日本とユダヤ/魂の隠された絆』『美しい人の美しい生き方』『まもなく世界は5次元へ移行します』『中丸薫という生き方（5次元文庫）』『闇の世界権力レポート（5次元文庫）』（以上、徳間書店）
『アセンション・リーダーズ～光の翼をもつ人々』（学研）
『この国を変える力』（ＰＨＰ研究所）
『2012年の奇蹟ー愛の光でアセンション』『2012年の奇蹟Ⅱ』『見えない世界の摩訶不思議』（以上、あ・うん）

白　峰

― 中今悠天 ―

(中今に生きて悠天に至れ)

> ※中今とは過去・現在・未来にとらわれず、今この瞬間を精一杯生きる事（悠天とは雄大なる大宇宙を表現せり）。
> 永遠の過去と未来の中間にある今、当世を最良の世としてほめる語（遠皇祖の御世を始めて～/ 続紀神一亀一宣命）

国家鎮護と万世一系の弥栄を願う皇道思想家日本百名山を徒歩にて日本国再生の為、千日間にわたり登山、修行した。

平成元年より白峰として活躍。天啓により名を**中今悠天**と改める。

自ら三面大虚空天と名乗り、正体不明の彼を人は宇宙人とも現代の旗本退屈男（風来坊）とも呼ぶ！（クワン in フレミング）

★開運風水符 & 開運 DVD をご希望の方は、明窓出版気付白峰会までご連絡ください。

★INTUITION１０周年記念 DVD
「アイン㇃ソフ（永遠の中今に生きて）」約 180 分収録　定価 10,500 円
ご注文受付中（明窓出版気付白峰会まで）

他、INTUITION 制作の DVD、開運風水アートをご希望の方、著書に関するご感想やお手紙はご氏名、ご連絡先など明記の上、ＦＡＸやハガキにて下記まで。

明窓出版気付白峰会　FAX　03-3380-6424
ネイル開運法に関心のある方は！　http://sakal.jp

白峰聖鵬として

日本百名山徒歩千日回峰行者大先達
大通智勝三蔵法印、道号・神明験曜光（弘観大師）
（弘観道四十八代継承・開運風水占術指南役・日本）
百名山会理事（白峰三山祭主）

★著作本 ㇸ 日月地神示（黄金人類と日本の天命）

光悠白峰として

日本全国３０００ヶ所の温泉に入浴（１５年かけて）
温泉評論家としてラジオ出演、旅行作家、温泉カリスマ
（日本秘湯保存会代表・日本百名滝保存会理事）
波動エネルギーを七色で描く香彩書画芸術家として有名

★著作本　温泉風水開運法・宇宙戦争・他（明窓出版）

白峰由鵬として

近未来文明アナリストとして講演活動を行い２０１２年地球の時元上昇・地球環境の大変化を最新の宇宙意識考学に基づき語る。

（環境地理学博士・環境意識行動学医学博士）
・日本国再生機構（コンプライアンス・コミッショナー）
・NESARA 日本国代表評議員（金融政策担当）
・国政オンブズマン特別顧問（検察・自治公安）
・LOHAS 極東日本代表幹事（環境カリスマ）

★著作本　地球大改革と世界の盟主（明窓出版）

新説2012年
地球人類進化論

中丸　薫・白峰（NAKAIMA）

明窓出版

平成二十年二月十一日（建国記念日）初刷発行
平成二十年七月七日（北海道洞爺湖サミット記念）第二刷発行

発行者――増本　利博
発行所――明窓出版株式会社
〒一六四―〇〇一二
東京都中野区本町六―二七―一三
電話　（〇三）三三八〇―八三〇三
FAX　（〇三）三三八〇―六四二四
振替　〇〇一六〇―一―一九二七六六
印刷所――株式会社　シナノ

ISBN978-4-89634-230-7
ホームページ http://meisou.com

風水国家百年の計　光悠白峰

風水学の原点とは、観光なり

観光は、その土地に住んでいる人々が自分の地域を誇り、その姿に、外から 来た人々が憧れる、つまり、「誇り」と「あこがれ」が環流するエネルギー が、地域を活性化するところに原点があります。

風水学とは、地域活性化の要の役割があります。そして地球環境を変える働きもあります。(観光とは、光を観ること)

2012年以降、地球人類すべてが光を観る時代が訪れます。

風水国家百年の計

国家鎮護、風水国防論／万世一系ＸＹ理論／徳川四百年、江戸の限界と臨界。皇室は京都に遷都された／大地震とは宏観現象、太陽フレアと月の磁力／人口現象とマッカーサー支配、五千万人と１５パーセント／青少年犯罪と自殺者、共時性の変成磁場か？／気脈で起きる人工地震、大型台風とハリケーン／６６６の波動と、色彩填補意思時録、ハーブ現象とコンピューター／風水学からみた日本崩壊？／沈黙の艦隊、亡国のイージスと戦艦大和

宇宙創造主VS地球霊王の密約（ＯＫ牧場）

地球人を管理する「宇宙存在」／「クオンタム・ワン」システムと繋がる６６６／変容をうながす、電脳社会／近未来のアセンションに向けて作られたエネルギーシステム／炭素系から珪素系へ――光り輝く存在とは（他重要情報多数）

世界を変えるNESARAの謎

～ついに米政府の陰謀が暴かれる～

ケイ・ミズモリ

今、「NESARA」を知った人々が世直しのために立ち上がっている。アメリカにはじまったその運動は、世界へと波及し、マスコミに取り上げられ、社会現象にもなった。
富める者が世界を動かす今の歪んだ社会が終焉し、戦争、テロ、貧富の格差、環境問題といった諸問題が一気に解決されていくかもしれないからだ。近くアメリカで施行が噂されるNESARA法により、過去に行われたアメリカ政府による不正行為の数々が暴かれ、軍需産業をバックとした攻撃的な外交政策も見直され、市民のための政府がやってくるという。NESARAには、FRB解体、所得税廃止、金本位制復活、ローン計算式改定、生活必需品に非課税の国家消費税の採用など、驚愕の大改革が含まれる。しかし、水面下ではNESARA推進派と阻止派で激しい攻防戦が繰り広げられているという。

今後のアメリカと世界の未来は、NESARA推進派と市民の運動にかかっていると言えるかもしれない。本作品は、世界をひっくり返す可能性を秘めたNESARAの謎を日本ではじめて解き明かした待望の書である。

キリストとテンプル騎士団

スコットランドから見たダ・ヴィンチ・コードの世界

エハン・デラヴィ

今、「マトリックス」の世界から、「グノーシス」の世界へ
ダ・ヴィンチがいた秘伝研究グループ
「グノーシス」とはなにか？
自分を知り、神を知り、高次元を体感して、
キリストの宇宙意識を合理的に知るその方法とは？
これからの進化のストーリーを探る！！

キリストの知性を精神分析する／キリスト教の密教、グノーシス／仮想次元から脱出するために修行したエッセネ派／秘伝研究グループにいたダ・ヴィンチ／封印されたマグダラの教え／カール・ユング博士とグノーシス／これからの進化のストーリー／インターネットによるパラダイムシフト／内なる天国にフォーカスする／アヌンナキー宇宙船で降り立った偉大なる生命体／全てのイベントが予言されている「バイブルコード」／「グレートホワイト・ブラザーフット」（白色同胞団）／キリストの究極のシークレット／テンプル騎士団が守る「ロズリン聖堂」／アメリカの建国とフリーメーソンの関わり／「ライトボディ（光体）」を養成する／永遠に自分が存在する可能性／他

定価1300円